国家出版基金项目
NATIONAL PUBLICATION FOUNDATION

浙江文化艺术发展基金资助项目
PROJECTS SUPPORTED BY ZHEJIANG CULTURE AND ARTS DEVELOPMENT FUND

画说精神谱系

丁红旗 编著
何红舟 吴宪生等 绘
金一斌 高世名 主编

中国美术学院出版社

“潮平两岸阔，风正一帆悬。”在新的历史征程中，全体中国共产党人、全国各族人民群众，砥砺前行，团结奋斗，脚踏实地弘扬和发展以伟大建党精神为源头的中国共产党人精神谱系，使之发挥出更加强劲的力量，使之绽放出更加璀璨的光芒，持续推动社会主义现代化强国建设，努力实现中华民族伟大复兴的中国梦。

前言
Preface

2021 年 7 月 1 日，习近平总书记在庆祝中国共产党成立 100 周年大会上发表重要讲话指出：一百年来，中国共产党弘扬伟大建党精神，在长期奋斗中构建起中国共产党人的精神谱系，锤炼出鲜明的政治品格。①

2021 年 9 月，在中华人民共和国成立 72 周年之际，党中央批准了中央宣传部梳理的第一批纳入中国共产党人精神谱系的伟大精神予以发布。这些伟大精神包括：建党精神；井冈山精神、苏区精神、长征精神、遵义会议精神、延安精神、抗战精神、红岩精神、西柏坡精神、照金精神、东北抗联精神、南泥湾精神、太行精神（吕梁精神）、大别山精神、沂蒙精神、老区精神、张思德精神；抗美援朝精神、“两弹一星”精神、雷锋精神、焦裕禄精神、大庆精神（铁人精神）、红旗渠精神、北大荒精神、塞罕坝精神、“两路”精神、老西藏精神（孔繁森精神）、西迁精神、王杰精神；改革开放精神、特区精神、

①习近平：《习近平谈治国理政》（第四卷），北京：外文出版社，2022 年，第 7 页。

抗洪精神、抗击“非典”精神、抗震救灾精神、载人航天精神、劳模精神（劳动精神、工匠精神）、青藏铁路精神、女排精神；脱贫攻坚精神、抗疫精神、“三牛”精神、科学家精神、企业家精神、探月精神、新时代北斗精神、丝路精神。

这些伟大精神，集中彰显了中华民族和中国人民长期以来形成的伟大创造精神、伟大奋斗精神、伟大团结精神、伟大梦想精神，彰显了一代又一代中国共产党人不怕牺牲、不懈奋斗的精神气质。作为中国共产党人精神谱系的组成部分，这些伟大精神包含着共同的情怀和追求、共同的使命和担当、共同的内涵和灵魂。比如坚持人民至上，是党的百年奋斗的重要历史经验之一，也是这些伟大精神共同性中比较有代表性的一个重要方面。在中国共产党人精神谱系中，有超过三分之一的精神直接表达出了人民至上、为人民服务的内容。如：作为中国共产党的精神之源的伟大建党精神明确提出“不负人民”；井冈山精神强调“依靠群众”；苏区精神要求“一心为民”；长征精神突出“把全国人民和中华民族的根本利益看得高于一切”；延安精神要坚持“全心全意为人民服务的根本宗旨”；西柏坡精神坚持“依靠群众”；照金精神注重“从实际出发、密切联系群众的工作作风”；张思德精神言简意赅，一句话直奔主题，“全心全意为人民服务”；抗美援朝精神突出“祖国和人民利益高于一切”；雷锋精神强调“服务人民、助人为乐的奉献精神”；焦裕禄精神突出“亲民爱民”。抗震救灾精神坚持“以人为本”；脱贫攻坚精神强调“不负人民”。抗疫精神突出“生命至上”；“三牛”精神其一就是“为民服务孺子牛”；科学家精神坚持“胸怀祖国、服务人民的爱国精神”。在那些没有直接表达出“人民至上”内容的伟大精神中，也大多包含着“奋斗”“奉献”等为人民服务的内涵。

这些伟大精神，形成于不同的年代和环境，立足于不同的地域和领域，具有各自独特的思想内涵和时空属性。比如，革命战争年代形成的精神，比较突出坚定的理想信念和无私的牺牲奉献。建设发展时期形成的精神，一般比较强调努力奋斗、开拓创新等。多种多样的具体精神，突出鲜明的神韵特点，使得中国共产党人精神谱系呈现出百花齐放的绚丽风姿，也体现了我们党领导人民群众进行的革命、建设和改革实践的与时俱进和丰富多彩。

这些多姿多彩的伟大精神可以分为以下几个类别：以事件命名的精神，以地域命名的精神，以人物命名的精神。

以事件命名的精神有建党精神、长征精神、遵义会议精神、抗战精神、抗美援朝精神、“两弹一星”精神、西迁精神、改革开放精神、抗洪精神、抗击“非典”精神、抗震救灾精神、载人航天精神、脱贫攻坚精神、抗疫精神、探月精神、新时代北斗精神等。

以地域命名的精神有井冈山精神、苏区精神、延安精神、红岩精神、西柏坡精神、照金精神、东北抗联精神、南泥湾精神、太行精神（吕梁精神）、大别山精神、沂蒙精神、老区精神、大庆精神、红旗渠精神、北大荒精神、塞罕坝精神、“两路”精神、老西藏精神、特区精神、青藏铁路精神、丝路精神等。

以人物命名的精神有张思德精神、雷锋精神、焦裕禄精神、铁人精神、孔繁森精神、王杰精神、劳模精神（劳动精神、工匠精神）、女排精神、“三牛”精神、科学家精神、企业家精神等。

系统梳理和总结中国共产党人精神谱系并代代传承弘扬和丰富发展，体现了我们党治国理政的大智慧和科学性，体现了我们党不管走多远、都不忘记来时的路，具有深刻的理论意义、重要的实践意义和深远的社会意义。

从理论上讲，马克思主义哲学认为，物质决定意识，意识对物质具有能动的反作用，正确的意识促进客观事物的发展，错误的意识阻碍客观事物的发展。这些伟大精神，都是正确的意识，具有认识上的科学性和价值上的高尚性，始终引导和促进人们向上向善，积极行动，努力改造客观世界和主观世界。

从实践上讲，这些伟大精神都是在我们党百年来奋斗实践中形成和发展起来的，并一直指导和激励着广大党员和人民群众的奋斗实践。在百年来的奋斗实践中，无论经历怎样的内忧外患，无论遇到何等的艰难险阻，无论面临多大的曲折复杂，精神的旗帜始终高高飘扬，精神的光芒始终熠熠闪亮，精神的力量始终大气磅礴。一代又一代的中华儿女始终坚持和发展伟大精神，不惧逆水行舟，敢于迎难而上，满怀必胜信心，充满斗争力量，不断反败为胜，从胜利走向新的胜利，从成功走向更大成功。

从社会建设和发展上讲，系统梳理和传承弘扬这些伟大精神，是社会全面建设的重要内容，有助于提升广大党员和人民群众的精气神和创造力，有助于增强党的凝聚力和向心力，有助于增加社会发展的动力和活力。伟大的精神，是永远燃烧的熊熊火炬。继往开来，走向未来。中国共产党人精神谱系必将继续鼓舞和激励中华儿女踔厉奋发，并在中国特色社会主义现代化建设中不断丰富和发展。

版画《支柱》（56cm×37cm；创作者：张怀江；1981 年）

在黑白分明的宁静画面中，一位受伤的红军战士，身背斗笠和步枪，右手打着绷带挂在胸前，左手拿着一本展开的革命著作，倚靠着坚实的柱子在认真阅读。柱子上方，一盏小小的油灯，却是光芒四射，越发显得黑夜沉沉。沉沉黑夜暗示的是穷凶极恶的反动势力，油灯代表了伟大的中国共产党，那灿烂的灯光代表的是中国共产党的伟大精神和伟大理想。从红军战士沉浸的神情中可以看出，他应该从革命著作里找到了正确的前进方向，找到了强大的战斗力量，找到了坚强的精神“支柱”。

目录
Contents

没有共产党就没有新中国——建党精神

油画《启航——中共一大会议》（270cm × 550cm；创作者：何红舟、黄发祥；2009 年）

1921 年 7 月 23 日，中国共产党第一次全国代表大会在上海召开，大会最后一天转移到浙江嘉兴南湖的一条游船上继续举行。中国共产党的成立，犹如一轮红日从东方冉冉升起，照亮了中国革命前进的道路。在厚重的黑云和翻滚的水浪互相呼应的画面中，闪亮的阳光聚焦在登船代表的身上。身着蓝色长衫的毛泽东，器宇轩昂，目视远方，恰如其分地

站立在画面中央。年轻的代表关切地伸手搀扶董必武登船，既体现了革命同志的相互关心，也具有贴切的生活气息。画面左边小船的船尾，王会悟警觉地抬手远望，她的高度警惕性体现了形势的严峻性。那乌云和水浪反映的是强大黑暗的旧势力，那阳光就是革命的前途和希望，那即将启航的“红船”就是伟大的中国共产党。

2022 年 10 月，举世瞩目的中国共产党第二十次全国代表大会胜利召开。大会的主题是：高举中国特色社会主义伟大旗帜，全面贯彻新时代中国特色社会主义思想，弘扬伟大建党精神，自信自强、守正创新，踔厉奋发、勇毅前行，为全面建设社会主义现代化国家、全面推进中华民族伟大复兴而团结奋斗。①

2021 年 7 月 1 日，习近平总书记在庆祝中国共产党成立 100 周年大会上发表重要讲话指出：一百年前，中国共产党的先驱们创建了中国共产党，形成了坚持真理、坚守理想，践行初心、担当使命，不怕牺牲、英勇斗争，对党忠诚、不负人民的伟大建党精神，这是中国共产党的精神之源。②全面系统概括了伟大建党精神的科学内涵和重要历史地位。

“坚持真理”，就要坚持马克思主义，坚持中国化时代化的马克思主义。因为马克思主义是关于全世界无产阶级和全人类彻底解放的学说，是正确反映自然和社会发展规律的真理。习近平在纪念马克思诞辰 200 周年大会上的讲话中指出：马克思主义是科学的理论，创造性地揭示了人类社会发展规律。马克思主义是人民的理论，第一次创立了人民实现自身解放的思想体系。马克思主义是实践的理论，指引着人民改造世界的行动。马克思主义是不断发展的开放的理论，始终站在

①本书编写组：《党的二十大报告辅导读本》，北京：人民出版社，2022 年，第 1 页。

②习近平：《习近平谈治国理政》（第四卷），北京：外文出版社，2022 年，第 7 页。

时代前沿。[3]

党的二十大报告指出：中国共产党为什么能，中国特色社会主义为什么好，归根到底是马克思主义行，是中国化时代化的马克思主义行。[4]我们党是在马克思主义指导下成立的。成立后，更是始终高举马克思主义的旗帜，并在中国革命、建设和改革的实践中不断推动马克思主义中国化时代化的飞跃和发展，逐步形成了毛泽东思想、邓小平理论、“三个代表”重要思想、科学发展观和习近平新时代中国特色社会主义思想。为了更好地发挥马克思主义的指导作用，我们党积极推动马克思主义大众化，推动马克思主义的普及、宣传和教育，让越来越多的人民群众学习、接受和使用马克思主义，充分发挥马克思主义指导实践的作用，实现从“批判的武器”到“武器的批判”的重要飞跃，让科学理论变成改造世界的“物质力量”。

“坚守理想”，就是要坚持共产主义的远大理想，为全人类的解放而奋斗。自成立以来，无论取得怎样的成就和辉煌，无论经历怎样的坎坷和曲折，我们党始终把共产主义作为自己的最高理想和最终目标，“咬定青山不放松”，矢志不移，努力奋斗。我们党坚持科学思维，遵循质量互变规律，把共产主义最高理想具体化为不同历史时期的共同理想。一

③习近平：《论中国共产党历史》，北京：中央文献出版社，2021 年，第 197—199 页。

④本书编写组：《党的二十大报告辅导读本》，北京：人民出版社，2022 年，第 15 页。

代又一代的共产党人和广大人民群众，前赴后继，持之以恒，接续实现各个历史时期的共同理想，积跬步至千里，积小流成江海，向着共产主义的最高理想坚定前行。

“践行初心、担当使命”，就是要为中国人民谋幸福、为中华民族谋复兴。2017 年 10 月，党的十九大报告提出，中国共产党人的初心和使命，就是为中国人民谋幸福，为中华民族谋复兴。这个初心和使命是激励中国共产党人不断前进的根本动力。⑤从全心全意为人民服务的根本宗旨，到坚持人民至上的历史经验，到江山就是人民、人民就是江山的坚定情怀，我们党始终牢记初心、不忘使命。

“不怕牺牲、英勇斗争”，体现了共产党员舍生忘死的奋斗豪情和壮怀激烈的昂扬斗志。百余年来，特别是在严酷的革命战争年代，成千上万的共产党员生命不息奋斗不止、英勇不屈视死如归。有的共产党员经受严刑拷打始终“一片丹心向阳开”，有的共产党员面对生死抉择舍生取义“留取丹心照汗青”。如党的创始人李大钊，第一个明确提出“中国共产党”名称的蔡和森，中国共产党“唯一的一个女创始人”、中国妇女运动的先驱和领袖向警予，一大代表李汉俊、邓恩铭、何叔衡、陈潭秋，“头可断，血可流，工不可复”的林祥谦，中国共产党早期领导人、陈独秀的长子陈延年和次子

⑤本书编写组：《党的十九大报告辅导读本》，北京：人民出版社，2017 年，第 1—2 页。

陈乔年，“砍头不要紧，只要主义真”的夏明翰，领导上海工人第三次武装起义的赵世炎、罗亦农，“农民运动大王”、中国农民运动的领袖彭湃，中国工人运动的杰出领袖邓中夏，“已摈忧患寻常事，留得豪情作楚囚”的恽代英，伟大的马克思主义者瞿秋白，开创“方志敏式”根据地、在狱中写下《可爱的中国》《清贫》的方志敏，“国破尚如此，我何惜此头”的吉鸿昌，发展苏区经济事业的卓越领导人毛泽民，在敌人的刑场上举行婚礼的周文雍和陈铁军夫妇，“温婉骄杨 英雄女杰”杨开慧……

“对党忠诚”，不只是建党精神和入党誓词中的一句话，更是生生不息地流淌在共产党人血液中的红色基因。“不负人民”，体现了我们党对马克思主义唯物史观和群众观点、群众路线的坚持。百余年来，成千上万的共产党员“一片冰心在玉壶”，为了党和人民的事业奋斗终身。一代又一代共产党员对党和人民的赤胆忠心，凝聚成了中国共产党无比强大的战斗力和领导力，推动着党的事业战胜一个又一个艰难险阻，不断走向胜利，不断从胜利走向新的胜利。

第一章

新民主主义革命时期的伟大精神

北大中文系
學生聯合會
還我青島
頭可斷

油画《红潮——五四运动》（400cm × 530cm；创作者：许江、孙景刚、邬大勇；2021 年）

五四运动是一场伟大的爱国运动，是一次声势浩大的思想解放运动，是近代中国新民主主义革命的开端。在厚重的深红背景下，在人山人海的天安门广场上，满眼黑白分明、震撼人心的横幅和旗帜。一名白衣男青年，手里拿着传单，站在队伍前面。前排居中的青年学生们，手挽手，肩并肩，神情坚毅，勇往直前。他们周围是一只只高高举起的有力的拳头，后面是一眼望不到边的游行队伍。“还我青岛”“外争主权”“内除国贼”，气吞山河的呐喊此起彼伏，响彻云霄。那些奋不顾身抗争的学生、老师和工人等各阶层的人们，心中充满了国家蒙辱的悲痛和对妥协投降行径的愤怒，他们身上沸腾着爱国的热血和勇敢的力量，毫不畏惧那张牙舞爪、磨刀霍霍的反动势力和他们手中的刀枪。

1919 年 5 月 4 日，五四运动爆发。五四运动是一场伟大的爱国运动，是一次声势浩大的思想解放运动，促进了马克思主义的广泛传播，彰显了中国工人阶级的强大力量，推动了马克思主义和中国工人运动的结合，为中国共产党的成立奠定了思想基础和阶级基础。五四运动是近代中国新民主主义革命的起点。从五四运动开始，近代中国革命的领导力量、指导思想、前途命运、方式方法等都发生了新的变化。革命的领导力量逐步让位于无产阶级，革命的指导思想逐步聚焦于马克思主义，革命的前途命运逐步指向了社会主义，革命的方式方法逐步变成了动员、组织和依靠人民大众。

在新民主主义革命时期，革命的对象和人民的敌人就是被称为“三座大山”的帝国主义、封建主义和官僚资本主义。革命的任务就是要推翻“三座大山”的统治和压迫，实现民族独立和人民解放。从建党到建军到建国，从打响武装反抗国民党反动派第一枪的南昌起义到井冈山的燎原星火到二万五千里长征，从轰轰烈烈的土地革命战争到艰苦卓绝的抗日战争到步步胜利的解放战争，从千里挺进大别山到“金戈铁马，气吞万里如虎”的三大战役到势如破竹的“百万雄师过大江”……可以看出，新民主主义革命时期的主要内容和主要特点就是在党的坚强领导下，团结一切可以团结的力量，通过武装斗争打倒一切国内外的敌人。恰如毛泽东 1939 年 10 月在《〈共产党人〉发刊词》中总结中国共产党领导革命斗争的历史经验时指出的那样：统一战线，武装斗争，党的建设，是中国共产党在中国革命中战胜敌人的三个法宝，三个主要的法宝。①

新民主主义革命的胜利，“一唱雄鸡天下白”，彻底结束了旧中国半殖民地半封建社会“百年魔怪舞翩跹”“洒向人间都是怨”的悲惨历史，彻底结束了旧中国一盘散沙、四分五裂、“人民五亿不团圆”的混乱局面，彻底废除了帝国主义强加给中国的一系列不平等条约及其在中国的一切特权，中国人民站起来了，中华民族任人宰割、饱受欺凌的屈辱历史一去不复返了！

新民主主义革命时期的伟大精神有建党精神；井冈山精神、苏区精神、长征精神、遵义会议精神、延安精神、抗战精神、红岩精神、西柏坡精神、照金精神、东北抗联精神、南泥湾精神、太行精神（吕梁精神）、大别山精神、沂蒙精神、老区精神、张思德精神。这些伟大精神紧密围绕革命和战争的时代主题，主要体现为坚定的理想信念、顽强的浴血奋战、伟大的牺牲奉献等，激励着广大受尽苦难的人民群众为翻身解放、建立中华人民共和国而前赴后继英勇斗争。

①毛泽东：《毛泽东选集》（第二卷），北京：人民出版社，1991 年，第 606 页。

星星之火，可以燎原——井冈山精神

中国画《井冈山的斗争》（96cm × 171cm；创作者：李震坚；1960 年）

井冈山是中国革命的摇篮。毛泽东在这里创建了全国第一个农村革命根据地，开辟了农村包围城市、武装夺取政权的革命道路，点燃了中国革命的星星之火。在色彩明亮的画面中，远处的山，脚下的地，都是白茫茫的一片。大片大片的雪花飘落下来，这冰天雪地的景象是在传递着革命形势严峻的信息吗？远处，一位背枪的战士在站岗放哨。近前，一位腰挎手榴弹、背着草鞋的战士蹲在地上，在整理他脚上的鞋子，他的眼睛却始终注视着讨论军情的战友们。

中间的几位战士聚拢在一位手拿纸条的同志周围，那纸条大概是旁边那位老大爷冒雪上山送来的情报。红军为百姓，百姓爱红军，军民一家亲。在皑皑白雪里，大刀和手枪上的红绸带，胳膊上的红袖章，帽子上的红五星，每一抹红色都是那么的醒目。战士们认真分析和研判着斗争的形势，仔细思考着下一步的进攻和战斗，他们的脸上洋溢着昂扬斗志和革命热情。

2016 年 2 月 3 日，习近平在江西考察工作时发表讲话指出：井冈山时期留给我们最为宝贵的财富，就是跨越时空的井冈山精神。井冈山精神，最重要的方面就是坚定信念、艰苦奋斗，实事求是、敢闯新路，依靠群众、勇于胜利。①

在党和国家的发展历史上，在人民群众的代代传颂里，井冈山一直都是一个响亮的名字，井冈山有很多动人的故事，井冈山是中国革命的摇篮。井冈山斗争的伟大实践，对中国革命道路的探索和选择、对中国共产党和人民军队的成长具有非常关键的意义。

二十世纪二十年代末，毛泽东、朱德等老一辈无产阶级革命家，秉持救国救民的坚定理想信念，率领中国工农红军来到这里，开展了艰苦卓绝的井冈山斗争，“红旗卷起农奴戟”，创建了全国第一个农村革命根据地，开辟了农村包围城市、武装夺取政权的具有中国特色的革命道路，点燃了中国革命的星星之火，立起了中华人民共和国的奠基石。

从毛泽东的诗词里，我们能感受到战斗岁月里的隆隆炮声，能感悟到人民军队和人民群众万众一心、众志成城、艰苦奋斗、勇于胜利。

在《西江月·秋收起义》一词里，毛泽东用通俗生动的

①习近平:《论中国共产党历史》，北京：中央文献出版社，2021 年，第 112 页。

语言描绘了工农革命的豪迈壮举和磅礴气势。“军叫工农革命，旗号镰刀斧头。匡庐一带不停留，要向潇湘直进。地主重重压迫，农民个个同仇。秋收时节暮云愁，霹雳一声暴动。”②

在《西江月·井冈山》一词里，毛泽东通过对黄洋界保卫战的描写，满腔热情地赞颂了井冈山军民坚守革命根据地的英勇斗争，生动形象地表达了运筹帷幄之中、决胜千里之外的科学战略战术。“山下旌旗在望，山头鼓角相闻。敌军围困万千重，我自岿然不动。早已森严壁垒，更加众志成城。黄洋界上炮声隆，报道敌军宵遁。”③

从八角楼上的灯光到朱德的扁担，党和人民军队的领袖始终是以身作则、身先士卒，极大地增强了党和人民军队的凝聚力和战斗力。

在小学语文课本里，有一篇《八角楼上》的课文。看到这个熟悉的标题，很多人的脑海中马上就会浮现出那幅清晰的画面：每当夜幕降临的时候，八角楼上的灯就亮了。这是个寒冬腊月的深夜，毛泽东穿着单军衣，披着薄毯子，坐在竹椅上写文章。他右手握着笔，左手轻轻地拨了拨灯芯，灯光更加明亮了……

按照井冈山那时候的规定，毛泽东夜晚办公可以使用三

②中共中央文献研究室：《毛泽东诗词集》，北京：中央文献出版社，1996年，第168页。

③中共中央文献研究室：《毛泽东诗词集》，北京：中央文献出版社，1996年，第14页。

根灯芯。但是，他带头勤俭节约，只使用一根灯芯。在井冈山茅坪村的八角楼上，在一根灯芯的微微灯光下，毛泽东写下了《中国的红色政权为什么能够存在》《井冈山的斗争》等光辉著作，创造性地提出了“工农武装割据”的革命思想，在漫漫黑夜里照亮了中国革命前进的道路。就像老百姓充满深情地传唱的那样：“井冈山的人哎，抬头望哎，八角楼的灯光，照四方……”

“朱德的扁担”，很多人也是耳熟能详。这个故事讲述的是朱德和毛泽东在井冈山会师后，为了打破敌人残酷的军事围剿和严密的经济封锁，解决山上红军吃饭的问题，巩固和发展井冈山革命根据地。在领导指挥军事斗争的繁忙工作中，朱德军长千方百计抽出时间，与战士们一起沿着崎岖陡峭的山路挑粮上山。战士们担心朱德军长太忙太累，就多次把他的扁担藏起来，不让他去挑粮。朱德很理解和感谢战士们的良苦用心。后来，他就在一根扁担上题写了自己的名字，并始终坚持与战士们一起下山挑粮。这个感人的故事充分体现了朱德军长与战士们同甘共苦、患难与共，生动体现了战士们对朱德军长的关心和爱戴，极大地鼓舞了井冈山军民的信心和斗志，极大地增强了红军的团结和战斗力。

从三湾改编到“三大纪律八项注意”，人民军队心系人民，敢闯新路，制度化和科学化不断提升，战斗力越来越强。

1927 年 9 月底，毛泽东在江西省永新县三湾村，领导了著名的“三湾改编”，创造性地确立了“支部建在连上”“官兵平等”等一套崭新的治军方略。三湾改编初步解决了如何把以农民以及旧军人为主要成分的革命军队建设成为一支无产阶级的新型人民军队的问题，从政治上、组织上保证了党对军队的绝对领导，奠定了政治建军的基础，是中国共产党建设新型人民军队最早的一次成功的探索和实践，标志着毛泽东建设人民军队思想的开始形成。

三湾改编后不久，毛泽东向全体官兵郑重宣布了三条纪律：“行动听指挥，不拿群众一个红薯，打土豪要归公”。开启了纪律建设的新探索。

“革命军人个个要牢记，三大纪律八项注意：第一一切行动听指挥，步调一致才能得胜利……”是不是很熟悉的歌词，是不是想起了那简洁明快铿锵有力的旋律和节奏？这就是广为传唱的《三大纪律八项注意》，这首歌反映的是人民军队严格的纪律要求。

形成于人民军队创建初期，特别是井冈山时期的“三大纪律八项注意”，在革命战争中不断完善丰富，在 1947 年以命令的形式固定下来。内容主要包括：一切行动听指挥，不拿群众一针一线，一切缴获要归公；说话和气，买卖公平，借东西要还，损坏东西要赔，不打人骂人，不损坏庄稼，不调戏妇女，不虐待俘虏。“三大纪律八项注意”，生动体现了人民军队与人民群众密切的血肉联系，明确表达了全心全意为人民服务的根本宗旨，充分反映了我们党及其领导的军队能够赢得人民群众坚定拥护和爱戴的重要原因。在漫长的革命岁月里，人民军队代代传承，严格遵守“三大纪律八项注意”，留下了很多感人的故事。如辽沈战役期间“锦州苹果”的故事，解放上海期间人民解放军露宿街头决不扰民的故事等。每个时期都是这样要求的，每支部队都是这样坚守的。这是我们党领导的人民军队始终坚持的优良传统，这是我们党领导的人民军队始终具有强大战斗力的重要保证。

苏区干部好作风——苏区精神

中国画《贺龙同志在洪湖苏区》（170cm×210cm；创作者：程宝泓；1977 年）

贺龙（1896 年 3 月 22 日—1969 年 6 月 9 日），湖南桑植人，伟大的无产阶级革命家、军事家，中国人民解放军的创始人和主要领导者之一。在洪湖苏区创建和发展过程中，贺龙经常深入群众，身先士卒。在喜气洋洋的画面中，鲜艳的红旗迎风招展，洁白的芦苇花

随波摇动。远方的水面上，有战士举枪挥手，似是欢呼。这大概是一次战斗胜利后的场景。贺龙右手持着驳壳枪，左手握着那个标志性的烟斗，稳稳地站立在划动的小船中间，豪气地看向远方。小船上的战士们喜笑颜开地簇拥在贺龙身旁，一起向前远望。

党领导在农村革命根据地进行政治、经济、军事、文化等建设过程中，铸就了以坚定信念、求真务实、一心为民、清正廉洁、艰苦奋斗、争创一流、无私奉献等为主要内涵的苏区精神。“苏区干部好作风，自带干粮去办公。日穿草鞋干革命，夜走山路访贫农。”这首民歌在苏区广为传唱，流传至今，正是苏区精神的真实写照。[①]

在我国近现代历史上，苏区指的是采用“苏维埃政权”组织形式的地区。1927 年大革命失败后，面对白色恐怖和血腥屠杀，中国共产党确定了土地革命和武装反抗国民党反动统治的总方针，“唤起工农千百万”，在全国先后组织和发动了近百次武装起义，开辟了大小十几个革命根据地，逐步建立人民的武装和人民的政权。1931 年 11 月，中华苏维埃第一次全国代表大会在江西瑞金召开，中华苏维埃共和国临时中央政府成立，苏区建设进入了全盛时期。除了全国最大的中央苏区，还有鄂豫皖苏区、湘鄂川黔苏区、鄂豫陕苏区、陕甘苏区等，党领导的红色政权遍布江西、福建、广东、安徽、湖南、湖北、四川、贵州、河南、陕西等省。1937 年 9 月，为加强团结共同抗日，中共中央将中华苏维埃人民共和国临时中央政府西北办事处改组为陕甘宁边区政府，苏区称谓正式退出了历史舞台。

①中共中央宣传部:《中国共产党宣传工作简史》, 北京: 人民出版社, 2022 年, 第 75 页。

看到“闪闪的红星”这几个闪亮的文字，很多人马上就想起了那个机智勇敢的少年英雄潘冬子。电影《闪闪的红星》讲述的是，在1931年至1936年艰难困苦的革命斗争环境中，“党的孩子”潘冬子经历苦难考验，在革命斗争中逐步成长起来的故事。那颗闪闪的红星，象征着革命和希望，寄托的是潘冬子对红军父亲的思念和追随革命的信念。如同电影的主题曲《红星歌》所歌唱的那样：红星闪闪放光彩，红星灿灿暖胸怀，红星是咱工农的心，党的光辉照万代……

“腰缠万贯的讨米人”，讲述的是江西省苏维埃政府主席刘启耀的感人故事。第五次反“围剿”期间，中央苏区处于敌人的四面封锁包围之中，军事形势极其严峻，经济状况十分困难。刘启耀一心为民，清正廉洁，艰苦奋斗，千方百计节省革命经费，坚持带头从家里背米到单位上班办公。1934年10月，中央红军开始长征，刘启耀率领少数干部战士坚持游击战争。在一次血战中，他不幸中弹受伤，晕了过去。醒来后，他发现战友们已经牺牲或转移，他与组织就此失去了联系。他挣扎着爬回此前藏身的山洞，取出了埋在乱石堆中一个沉甸甸的小布包，里面装着十多根金条和一些银元及首饰，那是组织要他保管的党的活动经费。在伤口基本愈合勉强可以走路的时候，他就迫不及待地开始了寻找党组织的艰辛历程。他一路东躲西藏，常常忍饥挨饿，时时面临生死考验，却始终坚守着心中的理想和信念。他腰缠万贯，却衣衫褴褛，一路讨米讨饭，始终未动用这批党的活动经费一分一毫。在寻找党组织的九死一生的艰辛过程中，他积极而又秘密地联络了散落在当地的党员、红军和干部等数百人，鼓励和组织大家继续开展革命斗争，并成立了江西临时省委。正当大家为今后的活动经费而发愁的时候，瘦骨嶙峋的刘启耀从他那破衣烂衫里拿出了一包黄澄澄的金条和白花花的银元。得知刘启耀这么多年来一直背着金银一路乞讨寻找党组织，在场的人们惊讶不已、赞叹不止。

红军不怕远征难——长征精神

油画《飞渡泸定桥》（300cm×800cm；创作者：井士剑、郭健濂；2016年）

二万五千里长征是我国近代历史上一个伟大的壮举，是世界军事历史上一个非凡的经典，是人类历史上一个惊人的奇迹。长征的故事家喻户晓，长征中的激烈战斗让人感慨万千。1935 年 5 月 29 日，二十多名红军突击队员浴血奋战，飞夺泸定桥。中央红军主力从泸定桥上越过大渡河，摆脱了国民

党军队的围追堵截。在色彩厚重的画面中，硝烟弥漫，火光冲天。居中的红色军旗高高举起，迎风猎猎，熠熠生辉。奋不顾身的红军突击队员们，脚踩摇摇晃晃的铁索，无视下面那令人头晕目眩的湍急流水，迎着敌人的枪林弹雨，神情坚毅，充满了必胜的信心。他们一手抓住铁索，一手开枪射击或扔手榴弹，奋力冲锋，勇往直前。战斗的激烈由此可见，红军的英勇无畏也由此可见。

2016年10月21日，习近平在纪念红军长征胜利80周年大会上的讲话中指出：伟大长征精神，就是把全国人民和中华民族的根本利益看得高于一切，坚定革命的理想和信念，坚信正义事业必然胜利的精神；就是为了救国救民，不怕任何艰难险阻，不惜付出一切牺牲的精神；就是坚持独立自主、实事求是，一切从实际出发的精神；就是顾全大局、严守纪律、紧密团结的精神；就是紧紧依靠人民群众，同人民群众生死相依、患难与共、艰苦奋斗的精神。[①]

血战湘江、强渡乌江、娄山关大捷、遵义会议、苟坝会议、四渡赤水、巧渡金沙江、强渡大渡河、飞夺泸定桥、爬雪山、过草地、三大主力会师……在我们国家，长征和长征的故事可谓是家喻户晓。长征是中国近代历史上一个伟大的壮举，是世界军事历史上一个非凡的经典，是人类历史上一个惊人的奇迹。长征的艰辛超越了人类生理和心理的极限，长征的故事让人不禁动容感怀万千，长征的精神感动和激励着一代又一代的中华儿女为了中华民族的伟大复兴而努力奋斗。

毛泽东著名的《七律·长征》，用革命浪漫主义的情怀描述了长征极不平凡的历程，赞颂了红军不怕困难、战胜困难的革命乐观主义和顽强精神风貌。“红军不怕远征难，万水千山只等闲。五岭逶迤腾细浪，乌蒙磅礴走泥丸。金沙水

①习近平：《习近平谈治国理政》（第二卷），北京：外文出版社，2017年，第47页。

拍云崖暖，大渡桥横铁索寒。更喜岷山千里雪，三军过后尽开颜。”[②]在壮烈的湘江战役中，担任“绝命后卫师”的红三十四师，为掩护中央红军主力突围，与十几倍于己的国民党军队浴血奋战，绝大部分同志壮烈牺牲，鲜血染红了湘江。从那时起，当地就流传着“三年不饮湘江水，十年不食湘江鱼”。29 岁的师长陈树湘，在激烈的战斗中，腹部中弹，身受重伤，躺在担架上继续指挥战斗，最后不幸被俘。在被敌人押送长沙的途中，陈树湘在担架上绞断肠子，壮烈牺牲，“为苏维埃新中国流尽最后一滴血”。据资料记载，仅红一方面军二万五千里的征途中，平均每 300 米就有一名红军将士牺牲。

18 岁参加了长征的中国人民解放军开国上将萧华，1964 年带病作词创作《长征组歌》。在创作过程中，长征的艰辛历历在目，牺牲战友的音容笑貌时时浮现在眼前。萧华将军经常夜不能寐，泪水一次次浸透稿纸。二万五千里的长途跋涉浴血奋战，“路迢迢，秋风凉。敌重重，军情忙”“横断山，路难行”“水湍急，山峭耸，雄关险，豺狼凶”“雪皑皑，野茫茫，高原寒，炊断粮”。战友们是“不怕流血不怕苦，前仆后继杀虎狼”“红军都是钢铁汉，千锤百炼不怕难”“官兵一致同甘苦，革命理想高于天”。始终坚信“乌云遮天难持久，红日永远放光芒”。广大人民群众是“男女老少来相送，

②中共中央文献研究室：《毛泽东诗词集》，北京：中央文献出版社，1996 年，第 55 页。

热泪沾衣叙情长。紧紧握住红军的手，亲人何时返故乡？”“亲人送水来解渴，军民鱼水一家人”“兄弟民族夹道迎”。伟大领袖“毛主席用兵真如神”“万众欢呼毛主席”。

那个熟悉的军需处长的故事，每次读来，都令人潸然泪下。一支红军队伍在艰难翻越大雪山的路途中，看到一位穿着单薄旧衣服的老战士冻死在路边。指挥员很悲痛又很愤怒，就喊人把军需处长找来，想问问他为什么不给这位牺牲的同志发放棉衣。队伍中认识军需处长的同志满眼热泪地告诉指挥员，牺牲的这位同志就是军需处长。一刹那，所有的人都是热泪盈眶。在冰天雪地里，“红旗漫卷西风”，大家心中充满了敬仰充满了力量。这样的队伍，一定能战胜寒冷的风雪，不管多么寒冷的风雪；这样的队伍，一定能战胜残暴的敌人，不管多么残暴的敌人！

半条被子的故事，体现了党领导的人民军队和人民群众生死相依、患难与共的鱼水深情。1934 年 11 月上旬，中央红军经过湖南省汝城县，3 名女红军借宿在沙洲村贫苦妇女徐解秀家中。临走的时候，她们把仅有的一条被子剪下一半留给了徐解秀。在此后几十年的岁月里，徐解秀一直对 3 位女红军念念不忘，一直充满希望地等待着她们再回来。她常说，什么是共产党？共产党就是自己有一条被子，也要剪下半条送给老百姓的人。看到这里，人们应该能够理解歌曲《十送红军》所描绘的“千军万马江畔站，十万百姓泪汪汪”，那种人民群众对红军的依依不舍。应该能够体会到歌曲《映山红》所表达的“夜半三更哟盼天明，寒冬腊月哟盼春风”，那种人民群众对红军的殷切期盼。

毛泽东在《论反对日本帝国主义的策略》一文中指出：“长征是历史纪录上的第一次，长征是宣言书，长征是宣传队，长征是播种机。”③

伟大长征精神，是中国共产党人及其领导的人民军队革命风范的生动反映，是中华民族自强不息的民族品格的集中展示，是以爱国主义为核心的民族精神的最高体现。④

③毛泽东：《毛泽东选集》（第一卷），北京：人民出版社，1991年，第149—150页。

④习近平：《习近平谈治国理政》（第二卷），北京：外文出版社，2017年，第47页。

马列路线指航程——遵义会议精神

油画《遵义曙光》（300cm × 800cm；创作者：杨参军、井士剑、任志忠、周小松；2016 年）

遵义会议是中国共产党第一次独立自主地运用马克思列宁主义基本原理解决自己的路线、方针和政策等问题的会议。遵义会议在极端危急的重大历史关头，挽救了红军、挽救了中国共产党、挽救了中国革命，是中国共产党和中国工农红军历史上一个生死攸关的转折点。在庄重肃穆的画面中，参会

人员结束了通宵的会议，走出会议室，走到走廊里进行休息。一月的遵义，清晨寒气逼人。然而，灿烂的曙光照在人们的脸上，照在人们的身上，是那么的光彩夺目，是那么的温暖人心。这灿烂的曙光，是大自然的曙光，是中国革命的曙光。中国工农红军、中国共产党、中国革命，将要开启新的征程，将要创造新的辉煌。

2015年6月16日，习近平在贵州参观遵义会议会址和遵义会议陈列馆时发表讲话指出：遵义会议作为我们党历史上一次具有伟大转折意义的重要会议，在把马克思主义基本原理同中国具体实际相结合、坚持走独立自主道路、坚定正确的政治路线和政策策略、建设坚强成熟的中央领导集体等方面，留下宝贵经验和重要启示。我们要运用好遵义会议历史经验，让遵义会议精神永放光芒。①

这次会议事实上确立了毛泽东同志在党中央和红军的领导地位，开始确立了以毛泽东同志为主要代表的马克思主义正确路线在党中央的领导地位，开始形成以毛泽东同志为核心的第一代中央领导集体。这是我们党和革命事业转危为安、不断打开新局面的重要保证。遵义会议在极端危急的重大历史关头，挽救了党、挽救了红军、挽救了中国革命，是中国共产党和中国工农红军历史上一个生死攸关的转折点。遵义会议的重要贡献和重要意义还体现在这个过程中形成的坚定信念、实事求是、独立自主、敢闯新路、民主团结的遵义会议精神。

因为有着救国救民的坚定信念，毛泽东才能始终坚定不移地与各种错误思想，特别是“左”倾错误作坚决斗争，始

①习近平：《论中国共产党历史》，北京：中央文献出版社，2021年，第102页。

终努力探寻符合中国国情的正确革命道路；因为勇于坚持实事求是，敢于坚持独立自主，善于从中国的具体实际出发，毛泽东才能找到正确的革命道路。同样是因为有着共同的救国救民的坚定信念，遵义会议与会的大多数同志，才在残酷的革命斗争实践中逐步接受了毛泽东的正确意见，从此以后始终坚定不移地拥护毛泽东的正确领导。也正是因为有着救国救民的坚定信念，广大红军将士才为遵义会议的召开而欢欣鼓舞，才坚定不移地拥护毛泽东和以毛泽东同志为主要代表的马克思主义正确路线在党中央的领导地位。

《长征组歌》之《遵义会议放光辉》用充满深情的语言，描绘了全党全军在听闻遵义会议召开后难以抑制的激动心情，“遵义会议放光辉，全党全军齐欢庆。万众欢呼毛主席，马列路线指航程。”生动再现了那个欢呼雀跃的历史场景，充分展现了遵义会议的重大历史意义。

从歌曲《红军战士想念毛泽东》的歌词中可以看出广大红军将士对毛泽东的深厚感情和坚定拥护：“抬头望见指路灯，心中想念毛泽东”“迷路时想你有方向，黑夜里想你照路程”“困难时想你有力量，胜利时想你心里明”。

你这庄严雄伟的城墙，筑成坚固的抗日的阵线——延安精神

油画《延安火炬》（164cm × 382cm；创作者：蔡亮；1959 年）

延安是革命圣地，以延安为中心的陕甘宁边区是中共中央所在地，是中国人民抗日战争的政治指导中心和中国人民解放斗争的总后方。延安用五谷杂粮滋养了中国共产党发展壮大，支持了中国革命走向胜利，延安的动人故事多得说不完。在热情澎湃的画面中，漫山的火把组成了蜿蜒的巨龙，环绕着延安标志的宝塔山。天地一色，处处亮堂堂，照得每个人的脸上都是红通

通的。长号声声，鼓声阵阵。吹号和敲鼓的老乡神情专注，队伍最前面的那个男孩子喜笑颜开。年轻的妈妈抱着孩子，和旁边的女战士开心交谈着。一位八路军战士搀扶着笑得合不拢嘴的老奶奶。人民军队和人民群众同甘共苦，同德同心，亲如一家人。每个人都很激动，每个人都很兴奋。抗日战争胜利了，这是中华民族的新生，这是全国人民的盛大节日。

2015 年 2 月 15 日，习近平在陕西考察工作时发表讲话指出：延安是革命圣地。延安时期是我们党领导的中国革命事业从低潮走向高潮、实现历史性转折的时期。老一辈革命家和老一代共产党人在延安时期留下的优良传统和作风，培育形成的以坚定正确的政治方向、解放思想实事求是的思想路线、全心全意为人民服务的根本宗旨、自力更生艰苦奋斗的创业精神为主要内容的延安精神，是我们党的宝贵精神财富。①

2022 年 10 月，党的二十大闭幕不到一周，习近平总书记带领中共中央政治局常委李强、赵乐际、王沪宁、蔡奇、丁薛祥、李希，专程从北京前往延安，瞻仰延安革命纪念地，重温革命战争时期党中央在延安的峥嵘岁月，缅怀老一辈革命家的丰功伟绩，宣示新一届中央领导集体赓续红色血脉、传承奋斗精神，在新的赶考之路上向历史和人民交出新的优异答卷的坚定信念。

从 1935 年到 1948 年，以延安为中心的陕甘宁边区是中共中央所在地，是中国人民抗日战争的政治指导中心和中国人民解放斗争的总后方。如同歌曲《延安颂》所描绘的那样："你这庄严雄伟的古城，到处传遍了抗战的歌声""你这庄严雄伟的城墙，筑成坚固的抗日的阵线"。大生产运动、延安整风运动、为人民服务、党的七大、"窑洞对"……巍巍宝塔山，

①习近平：《论中国共产党历史》，北京：中央文献出版社，2021 年，第 98 页。

清清延河水。延安用五谷杂粮滋养了中国共产党发展壮大，支持了中国革命走向胜利，延安的动人故事多得说不完。

我国第一部新歌剧《白毛女》，反映了旧社会把人变成“鬼”、新社会把“鬼”变成人，具有深远的历史影响，被改编成多种艺术形式，经久不衰。《白毛女》是延安鲁迅艺术学院的艺术家们，在毛泽东延安文艺座谈会讲话精神指引下，集体创作的一部反映现实生活的、人民群众喜闻乐见的优秀文艺作品。

1942 年 5 月召开的延安文艺座谈会，在党的文艺事业和马克思主义文艺思想中国化的发展历程中具有重要的里程碑意义。毛泽东在延安文艺座谈会上的讲话中提出，“我们的文学艺术都是为人民大众的，首先是为工农兵的”。[1]明确回答了“文艺是为什么人服务”的根本的原则的问题。对于当时的文艺工作和文艺工作者产生了重大的影响，对于其后党的文艺事业的发展产生了深远的影响。延安文艺座谈会积极推动了延安文艺界的整风运动，是延安整风运动的一个重要篇章。

延安整风运动是中国共产党历史上第一次大规模的整风运动。1941 年 5 月，毛泽东在延安高级干部会议上作了《改

②毛泽东：《毛泽东选集》（第三卷），北京：人民出版社，1991 年，第 863 页。

造我们的学习》的重要报告，标志着整风运动开始。1942 年 2 月，毛泽东先后作了《整顿党的作风》和《反对党八股》的重要报告，整风运动在全党范围内普遍展开。整风运动的主要内容和重要任务是反对主观主义以整顿学风、反对宗派主义以整顿党风、反对党八股以整顿文风。1945 年 4 月，党的六届七中全会原则通过了《关于若干历史问题的决议》，整风运动胜利结束。延安整风运动在中国共产党发展历程中具有深远的历史意义，是党的建设历史上一个伟大的创举，是一次系统的深刻的马克思主义思想教育运动，推动了实事求是的思想路线在全党范围内深入人心；实现了在以毛泽东同志为核心的党中央领导下全党新的团结和统一，为抗日战争的胜利和新民主主义革命在全国的胜利，奠定了重要的思想政治基础。

著名的“窑洞对”，指的是毛泽东与黄炎培的一次会谈。1945 年 7 月，在毛泽东居住的那个普普通通的窑洞里，毛泽东和应邀访问延安的民主人士黄炎培促膝长谈。黄炎培希望中国共产党能够找到一条跳出中国历史上治乱兴衰的历史周期率的新路。毛泽东充满自信地给出了“用民主打破周期率”的答案。回到重庆之后，黄炎培便将访问延安的经历感受，整理形成《延安归来》一书，称赞中国共产党的抗战政策和延安朝气蓬勃的革命气象，轰动一时。此前的 1944 年，是农历甲申年，著名历史学家郭沫若撰写了《甲申三百年祭》一文，剖析了明末李自成起义由盛转亡的历史教训。中共中央将此文作为整风文件印发全党学习，以此提醒党员干部不要重犯胜利时骄傲的错误。“窑洞对”的七十七年后，2022 年 10 月，党的二十大报告提出：党找到了自我革命这一跳出治乱兴衰历史周期率的第二个答案。[③]体现了中国共产党一以贯之的初心使命和全面从严治党的奋勇担当。

③本书编写组：《党的二十大报告辅导读本》，北京：人民出版社，2022 年，第 13 页。

保卫家乡、保卫黄河、保卫华北、保卫全中国——抗战精神

1951

油画《地道战》（140cm × 169cm；创作者：罗工柳；1951 年）

面对日本帝国主义的疯狂侵略，中国共产党领导八路军、新四军、东北抗联等抗日武装和广大人民群众浴血奋战，保卫家园。地道战、地雷战，“埋伏下神兵千百万”，敌后战场逐步成为中国人民抗日战争的主战场。在色彩暖亮的画面中，居中的两位女游击队员刚刚钻出地道准备迎战。一位男游击队员双手持枪，从瞭望口警惕地查看外面敌人的动向。梯子下面的游击队员正在向上面递送手榴弹，梯子上面的游击队员一边接手榴弹，一边向瞭望口方向张望。从房梁上的农具、连通地道的食槽和后面的毛驴，可以看出这里是饲养牲口的地方，可以看出地道布局的隐秘和巧妙，可以看出中国人民的战斗智慧和抗敌决心。一位老大爷似乎在守护着他的小毛驴，让画面充满了浓郁的生活气息。

2020 年 9 月 3 日，习近平在纪念中国人民抗日战争暨世界反法西斯战争胜利 75 周年座谈会上的讲话中指出：中国人民在抗日战争的壮阔进程中孕育出伟大抗战精神，向世界展示了天下兴亡、匹夫有责的爱国情怀，视死如归、宁死不屈的民族气节，不畏强暴、血战到底的英雄气概，百折不挠、坚忍不拔的必胜信念。伟大的抗战精神，是中国人民弥足珍贵的精神财富，将永远激励中国人民克服一切艰难险阻、为实现中华民族伟大复兴而奋斗。①

《黄河大合唱》，大家耳熟能详。这部诞生于抗日战争相持阶段的大型合唱声乐套曲，由光未然作词，冼星海作曲。作品以黄河为背景，饱含血泪痛诉了日本侵略者的野蛮残暴和人民群众遭受的深重苦难，满腔热情歌颂了中华民族源远流长的辉煌历史和中国人民宁死不屈的斗争精神，向全中国全世界发出了民族解放的战斗号角，生动塑造了中华民族巍峨高大的英雄形象。让我们再次来感悟那雄壮而富于变化的音节，那像风暴中的浪涛一样震撼人心的富于情感的辞句吧。“风在吼，马在叫，黄河在咆哮，黄河在咆哮。河西山冈万丈高，河东河北高粱熟了。万山丛中，抗日英雄真不少。青纱帐里，游击健儿逞英豪。端起了土枪洋枪，挥动着大刀长矛，保卫家乡！保卫黄河！保卫华北！保卫全中国！”

在保卫家乡、保卫全中国的抗日战争中，千千万万的中

①习近平：《论中国共产党历史》，北京：中央文献出版社，2021 年，第 279 页。

华儿女以天下兴亡、匹夫有责的担当视死如归、血战到底，“壮志饥餐胡虏肉，笑谈渴饮匈奴血”。许多人付出了宝贵的生命。杨靖宇、赵尚志、赵一曼、左权、彭雪枫、赵登禹、佟麟阁、张自忠、戴安澜、胶东抗日英雄任常伦、华侨抗日女英雄李林、八路军“狼牙山五壮士”、八路军“马石山十勇士”、新四军“刘老庄连”、东北抗联八位女战士、国民党军“八百壮士”等，这样的中华儿女还有很多很多。还有伟大的国际主义战士白求恩，为中国抗战而牺牲的苏联勇士格里戈里·库里申科。每一个名字都闪耀着璀璨的光芒，每一个名字都包含着感人肺腑的故事，每一个名字都让人充满深深的敬意。

“牛儿还在山坡吃草，放牛的却不知哪儿去了……”一曲《歌唱二小放牛郎》，旋律优美动听，令人回味无穷。一位机智勇敢、舍生取义的小英雄跃然纸上呼之欲出，让人赞佩不已、心痛不已。参加抗日战争的小英雄还有送《鸡毛信》的海娃、白洋淀的《小兵张嘎》，还有很多很多。面对日寇的野蛮侵略，中华儿女不畏强暴、血战到底、视死如归、宁死不屈，就连孩子们都加入到了反抗日寇侵略的行列中，他们和父辈们一起，用稚嫩的肩膀扛起沉重的抗争。有的少年还付出了年轻的生命，他们是少年英雄，他们是中华民族的骄傲。

1945 年 8 月 15 日，日本政府宣布无条件投降，9 月 2 日签订无条件投降书，中国人民抗日战争胜利了，世界反法西斯战争胜利了。正义终于战胜了邪恶！中国人民抗日战争是近代以来中国人民反抗外敌入侵持续时间最长、规模最大、牺牲最多的民族解放斗争，也是第一次取得完全胜利的民族解放斗争。据不完全统计，在整个战争期间，中国军民伤亡3500多万人。1937年12月，日寇在南京进行了长达6周的血腥大屠杀，并在中国实施了灭绝人性的细菌战，犯下了骇人听闻的反人类罪行。

在中华民族生死存亡的历史关头，中国共产党坚定不移地推动全民族坚持抗战、团结、进步，反对妥协、分裂、倒退。坚决维护和发展抗日民族统一战线，维护团结抗战的大局。始终百折不挠、坚忍不拔，战斗在抗日战争的最前线。平型关大捷是全民族抗战爆发后中国军队主动对日作战取得的第一个重大胜利，打破了日寇“不可战胜”的神话。黄土岭伏击战，击毙了日寇所谓的“名将之花”阿部规秀中将。百团大战，沉重打击了日寇的“囚笼政策”。黄桥战役，奠定了苏北抗日根据地的坚实基础。地道战、地雷战，“埋伏下神兵千百万”；平原游击队、铁道游击队，“我们都是神枪手，每一颗子弹消灭一个敌人”。八路军、新四军和其他人民抗日武装，在党的领导下，浴血抗战，钳制和歼灭日军大量兵力，歼灭大部分伪军，并在敌后建立了19块根据地，敌后战场逐步成为中国人民抗日战争的主战场。中国共产党在中华民族全民族抗战中发挥了中流砥柱的重要作用。

三九严寒何所惧，一片丹心向阳开

——红岩精神

堅壁和重門，鉄窗和鐐銬，鎖得了我們的身，鎖

版画《国民党狱中的政治犯》（25.4cm × 32cm；创作者：江丰；1940 年）

解放战争时期，被关押在渣滓洞、白公馆的中国共产党人，经受住了敌人的严刑拷打和非人折磨，不屈不挠，视死如归，用坚定的理想信念、巨大的人格力量和浩然的革命正气凝结成了红岩精神。在黑白分明的画面中，那些“政治犯”腿上带着沉重的铁镣。那个手拿钥匙、双手叉腰的看守是多么的耀武扬威、不可一世。那些被他看管的“政治犯”神情坚定，昂首挺胸，或侧目而视，或不屑一顾。表达了革命者对毒刑拷打的蔑视，对国民党反动派的蔑视。

2019 年 4 月 17 日，习近平在重庆考察工作时发表讲话指出：解放战争时期，众多被关押在渣滓洞、白公馆的中国共产党人，经受住种种酷刑折磨，不折不挠、宁死不屈，为中国人民解放事业献出了宝贵生命，凝结成“红岩精神”。①

抗日战争时期，为开展国共合作更好地团结抗日，中共中央南方局和八路军在红岩村设立了驻重庆办事处。周恩来、董必武等中国共产党领导人在此居住，开展工作。1945 年 8 月，抗日战争胜利后，毛泽东以“弥天大勇”亲赴重庆谈判，居住红岩村 40 多日，并在此运筹帷幄指挥上党战役，为红岩村的历史增添了光辉的一页。红岩村是中国共产党在国统区的指挥中心，是革命的象征。红岩精神是在争取民族独立和人民解放的革命斗争实践中形成的崇高革命精神，体现了老一辈无产阶级革命家、共产党人和革命志士的崇高思想境界、坚定理想信念、巨大人格力量和浩然革命正气。

“红岩上红梅开，千里冰霜脚下踩，三九严寒何所惧，一片丹心向阳开……”一曲深情悠扬的《红梅赞》在耳畔响起，朵朵放光彩的红梅在脑海浮现，江姐（原型为江竹筠）大义凛然视死如归的光辉形象顿时闪耀在眼前。“疾风知劲草”，十指钉入竹签，仍不屈服投降，江姐的意志坚如钢铁，江姐

①习近平：《论中国共产党历史》，北京：中央文献出版社，2021 年，第 32 页。

对党的忠诚无比坚定。1949 年 11 月 14 日，新中国已经成立，重庆即将解放，江姐壮烈牺牲，年仅 29 岁。

在令人毛骨悚然的白公馆和渣滓洞，在那个留下国民党反动派累累罪恶的地狱魔窟，那些坚定的共产党人和革命志士经历了各种严刑拷打和非人折磨。他们视死如归，“粉身碎骨浑不怕”，没有变节向敌人屈服，没有出卖组织和同志。革命烈士陈然用《我的“自白”书》，豪迈地表达了共产党人的坚定理想信念和浩然革命正气：任脚下响着沉重的铁镣，任你把皮鞭举得高高，我不需要什么“自白”，哪怕胸口对着带血的刺刀！人，不能低下高贵的头，只有怕死鬼才乞求“自由”。毒刑拷打算得了什么？死亡也无法叫我开口！对着死亡我放声大笑，魔鬼的宫殿在笑声中动摇。

在地狱魔窟中备受摧残的共产党人，在面临死亡的前夕，他们考虑的不是个人的荣辱生死。他们既不去乞求“自由”，也不纠结个人的苦痛。他们日思夜想的还是党的事业和党的建设，他们提出了著名的“狱中八条”。条条血泪凝结的经验，字字饱含着对党的赤胆忠心。

1941 年，重庆中共地下党员肖林，奉周恩来的指示，与妻子王敏卿一起开办公司，从事经商活动，为党组织筹办经费。

1949 年，夫妻二人将公司资金 12 万两黄金和固定资产 1000 多万美元全部上交党组织。在征得领导许可后，仅留下 3 块银元作为多年工作的纪念。后来，这 3 块银元也捐给了博物馆。夫妻二人，赚钱无数，无人监督，却分毫不取。“不要人夸颜色好，只留清气满乾坤。”充分体现了共产党人崇高的思想境界、巨大的人格力量、坚定的自觉自律，无愧是“千万富翁的无产者”。

每次提起小萝卜头的故事，都让人禁不住潸然泪下。小萝卜头，本名宋振中，父亲宋绮云和母亲徐林侠都是共产党员。宋振中 8 个月大的时候，就随父母被关进了监狱。由于常年被关押在阴暗潮湿的牢房里，营养严重缺乏，8 岁的宋振中比同龄的孩子矮小很多。他面黄肌瘦，体弱头大，难友们心疼地叫他“小萝卜头”。1949 年 9 月 6 日，小萝卜头和父母一起被国民党特务残忍地杀害于重庆歌乐山松林坡，年仅 8 岁，是中国年龄最小的烈士。连 8 岁的孩子都能残忍杀害，那些疯狂的刽子手是何其的泯灭人性！连 8 岁的孩子都不放过，那个刽子手式的国民党反动派政权怎么可能会不灭亡！

向着新中国，发出万丈光芒——西柏坡精神

油画《新中国从这里走来》(350cm×500cm；创作者：常青；2021 年)

西柏坡是解放战争时期中共中央和解放军总部所在地，是党中央进驻北平解放中国的最后一个农村指挥所。1949 年 3 月，党的七届二中全会在西柏坡召开，毛泽东在大会上高瞻远瞩地提出了著名的“两个务必”。其后不久，中共中央从西柏坡起程出发前往北平。画面描绘的就是这一经典的历史瞬间。在温暖而又壮观的画面中，天蓝云白，绿草丛丛。毛泽东、朱德、刘少奇、周恩来、任弼时五大书记。昂首阔步向前走来，神情充满坚定自信。画面右边两名战士牵着马静静站立，画面左边两名战士牵着马紧紧跟随。一左一右，四人四马，动静相应。在五大书记身后，有一名战士在扭身向后张望。他在看什么呢？仔细一看，原来后面就是跟随着的满载战士和物资的卡车队伍。就是行走在一望无际连绵起伏群山中的斗志昂扬的千军万马。清晰的光和影，意味着那没有出现在画面中的太阳就在前方的天上。那太阳是光明，是希望，是鼓舞人们走向新中国的力量。

2013 年 7 月，习近平在河北省调研指导党的群众路线教育实践活动时发表讲话指出：全党同志要不断学习领会“两个务必”的深邃思想，始终做到谦虚谨慎、艰苦奋斗、实事求是、一心为民，继续把人民对我们党的“考试”、把我们党正在经受和将要经受各种考验的“考试”考好，使我们的党永远不变质、我们的红色江山永远不变色。[①]

西柏坡是位于河北省平山县中部的一个普通小山村，因其不普通的经历而成了一个闻名天下的村庄。这里是解放战争时期中共中央和解放军总部所在地，是党中央进驻北平解放中国的最后一个农村指挥所，毛泽东在这里指挥了著名的三大战役。党的七届二中全会和全国土地会议在这里召开，新中国从这里走来。

1949 年 3 月 5 日至 13 日，党的七届二中全会在西柏坡召开，这是党的历史上一次具有深远意义的重要会议。会议确定了促进革命迅速取得全国胜利的各项方针，决定了党的工作重心从乡村转移到城市的战略问题，决定了党在全国胜利后的一系列基本政策，描绘了新中国的宏伟蓝图。毛泽东在报告中高瞻远瞩地提出了“两个务必”的著名论述：“务必使同志们继续地保持谦虚、谨慎、不骄、不躁的作风，务必使同志们继续地保持艰苦奋斗的作风。”[②]既是在革命胜利

①《充分调动干部和群众积极性 保证教育实践活动善做善成》，《人民日报》2013 年 7 月 13 日，第 1 版。

②毛泽东：《毛泽东选集》（第四卷），北京：人民出版社，1991 年，第 1438—1439 页。

前夕对全党作出的一个严肃警醒，更是对革命胜利后持续加强党的建设的科学指导。

作为西柏坡精神的重要内涵，“两个务必”在党和国家的发展历史上具有重要的意义，始终闪耀着璀璨的光芒。2022 年 10 月，党的二十大报告提出：全党同志务必不忘初心、牢记使命，务必谦虚谨慎、艰苦奋斗，务必敢于斗争、善于斗争，坚定历史自信，增强历史主动，谱写新时代中国特色社会主义更加绚丽的华章。③从“两个务必”到“三个务必”，既是党的建设理论在形式上的丰富，更是在内涵上的提升；既体现了党的建设理论的不断发展，也体现了党的建设实践的逐步深入；既体现了党的建设理论和实践的协同共进，更体现了新时代中国共产党全面从严治党的坚定不移和始终如一。

“赶考对”，指的是从西柏坡出发进北平之前毛泽东与周恩来的一段著名的对话。1949 年 3 月 23 日，党的七届二中全会召开后不久，中共中央从西柏坡起程出发前往北平。毛泽东兴致勃勃地说，今天是进京的日子，我们进京“赶考”去。周恩来笑着应答道，我们应当都能考试及格，不要退回来。毛泽东意味深长地说，退回来就失败了。我们决不当李自成，我们都希望考个好成绩。两位伟人的对话，寥寥数语，貌似简简单单，但其思想内涵却很深刻，体现了共产党人的深谋

③本书编写组：《党的二十大报告辅导读本》，北京：人民出版社，2022 年，第 2 页。

远虑和忧患意识。对照此前的“甲申对”“窑洞对”和“两个务必”“赶考对”的深刻内涵更加清晰可见了，中国共产党的自我革命一以贯之，中国共产党人的使命担当坚定有力。

1947 年 7 月至 9 月，在刘少奇主持下，中共中央工作委员会在西柏坡召开全国土地会议，制定了《中国土地法大纲》。这是一个比较彻底、比较完善的解决土地问题的纲领性文件，推动了解放区土改运动的深入开展，维护和实现了农民的利益，赢得了农民的拥护，广大农民踊跃参军拥军，加速了解放战争的胜利。一心为民的共产党，必然赢得人民群众的拥护和爱戴。

西柏坡之所以能成为中共中央和解放军总部所在地，除了物产丰富、经济条件好，交通便利易守难攻、地理位置好等这些客观条件外。更为重要的是，这里是老革命根据地，具有深厚的群众基础和良好的党群关系。党和西柏坡的人民群众和全国的人民群众，同甘共苦，同心同德，不断创造着历史的奇迹，不断取得一个又一个新的胜利。

陕北出了个刘志丹——照金精神

刘志丹和
陕北人民
文西

中国画《北斗——刘志丹和陕北人民》（200cm×144cm；创作者：刘文西；1981年）

刘志丹（1903年10月4日—1936年4月14日），陕西保安人，忠诚的共产主义战士，杰出的无产阶级革命家，中国人民解放军著名军事家，西北红军和西北革命根据地的主要创建人之一。他一生热爱党，热爱人民，忠心赤胆，英勇善战，为中国人民的解放事业立下了不可磨灭的功勋。在静谧的画面中，天上的星星闪耀着醒目的光芒，远处窑洞的灯光悄然与之辉映。一位满脸皱纹的老汉，紧紧拉着刘志丹的手，讲述着什么。另一位老汉，低下头抽了一口他的老烟袋，静静地听着。刘志丹的身体很明显前倾，他面色祥和，很认真地侧耳倾听。他把老百姓当亲人，耐心听父老乡亲心声，努力为群众利益奋斗。在老百姓的心目中，刘志丹和他所代表的中国共产党就是天上那闪闪发光的北斗星，给中国革命指明前进的方向，带领人民群众向着光明和胜利不断前行。

2015 年 2 月，习近平在陕西考察时发表讲话指出：以照金为中心的陕甘边革命根据地，在中国革命史上写下了光辉的一页。要加强对革命根据地历史的研究，总结历史经验，更好发扬革命精神和优良作风。①

照金是一块英雄的土地，以照金为中心的陕甘边革命根据地是中国共产党土地革命战争时期在西北地区建立的第一个山区革命根据地。二十世纪三十年代初，刘志丹、谢子长、习仲勋等老一辈无产阶级革命家在极其艰难困苦的情况下，把毛泽东工农武装割据思想与陕甘边具体实际相结合，在这里英勇开展革命活动，组建了中国工农红军第二十六军，成立了中共陕甘边区特别委员会和陕甘边革命委员会，创建了以照金为中心的陕甘边革命根据地，为后来西北革命根据地的形成创造了有利条件，在党领导的革命历史上书写了辉煌的一页。

“正月里来是新年，陕北出了个刘志丹，刘志丹来是清官，他带上队伍上呀么横山，一心要共产……”这首乡土气息浓浓的民歌唱出了陕北人民群众对刘志丹发自内心的爱戴和赞颂。

刘志丹，陕西省保安县人，中共党员，西北红军和西北革命根据地的主要创建人之一，中国人民解放军著名军事家

①习近平：《论中国共产党历史》，北京：中央文献出版社，2021 年，第 45 页。

之一。1931 年 10 月，刘志丹和谢子长等组建西北反帝同盟军，后改编为中国工农红军陕甘边游击队，任副总指挥、总指挥，开辟以照金、南梁为中心的陕甘边革命根据地。此后，把陕北、陕甘边两块革命根据地连成一片，形成了巩固的西北革命根据地，为党中央和各路北上抗日红军长征提供了踏实的落脚点，为后来八路军主力奔赴抗日前线提供了坚实的出发点。刘志丹经常教育部队要顾全大局，绝对服从党中央的领导。在他的影响下，陕北红军与中央红军团结一致，共同对敌。1936 年，刘志丹率领红二十八军渡过黄河东征，挺进晋西北，屡克敌军。4 月，在攻打山西省中阳县三交镇的战役中，他亲临前线侦察敌情，不幸中弹牺牲，年仅 33 岁。1943 年 5 月，延安各界举行了刘志丹公祭大会。毛泽东再次为他题词："群众领袖、民族英雄。"周恩来为他题词："上下五千年，英雄万万千，人民的英雄，要数刘志丹。"

陈家坡会议是陕甘边革命历史上一次具有战略转折意义的重要会议，被誉为陕甘边革命历史上的"遵义会议"。1933 年 8 月 14 日，陕甘边特委在照金陈家坡召开党政军联席扩大会议，即陈家坡会议，会议由陕甘边特委书记秦武山和特委军委书记习仲勋主持。陈家坡会议抵制和批判了"左"倾错误，独立自主地确立起实事求是的思想路线，统一了陕甘边党政军领导干部的思想认识和对各支部队的领导，确定了陕甘边革命斗争的任务和军事战略方针，加强了党对红军和游击队的统一领导，对巩固和扩大陕甘边革命根据地具有重要的意义。

夺回来丢失的我国土，结束牛马亡国奴的生活——东北抗联精神

油画《中华儿女——八女投江》(200cm × 300cm；创作者：全山石；2003 年)

1938 年 10 月，乌斯浑河畔，寒气逼人。东北抗日联军第五军第一师 8 名女战士，为了掩护主力部队转移，毅然放弃渡河撤退的机会，主动吸引日伪军火力。在打完最后一颗子弹后，坚决拒绝敌人的威逼利诱，宁死不降。她们蹚着冰冷的河水集体投江，全部壮烈牺牲。在凝重的画面中，漫天通红，厚重的乌云似乎要

从天上压下来，翻滚的浪花闪耀着寒气。战士们有的在向身后的敌人开枪射击，有的搀扶着受伤的战友，有的转身拉着后面战友的手。她们衣衫褴褛，一步一步走向江水的深处，神情是那么的大义凛然和视死如归。

2016 年 5 月 25 日，习近平在黑龙江考察工作时发表讲话指出：东北抗联精神、北大荒精神、大庆精神、铁人精神激励了几代人。今天，我们仍然要用这些精神来教育广大党员、干部，引导他们发扬优良传统，在全社会带头弘扬新风正气。①

“我的家在东北松花江上，那里有森林煤矿，还有那满山遍野的大豆高粱……”一曲凄凉悲伤的《松花江上》，把人们的思绪带回到了 1931 年。那年的 9 月 18 日，日寇发动了侵略中国的九一八事变。从那一刻起，东北三省迅速沦陷，三千万父老乡亲从此处于日寇铁蹄的践踏和蹂躏之下，处处狼烟四起，家家血泪淋漓。为了拯救陷于苦难之中的父老乡亲，中国共产党率先高举武装抗日的旗帜，创建东北抗日联军。成千上万的英雄儿女在党的领导下“捐躯赴国难，视死忽如归”，以铮铮铁骨和血肉之躯，奋力抵抗日寇的野蛮侵略。

东北抗日联军，简称东北抗联，是中国共产党领导的东北人民抗日武装。其前身是东北抗日义勇军、东北抗日游击队和东北人民革命军，1936 年 2 月改称东北抗日联军，1945 年 9 月抗日战争胜利后改称东北人民自卫军。东北抗联是奋勇反抗日寇侵略的中国部队中斗争开始时间最早、斗争持续时间最久、斗争条件最为艰苦的一支英雄队伍。东北抗联以坚定的信仰信念、高尚的爱国情怀、伟大的牺牲精神，艰苦抗战

①习近平：《论中国共产党历史》，北京：中央文献出版社，2021 年，第 36 页。

十四年，歼灭日伪军二十多万人，为中国人民抗日战争的胜利和世界反法西斯战争的胜利作出了不可磨灭的贡献。在艰苦卓绝的斗争中，无论是总司令、军长还是普通士兵，常常都面临着战死、饿死和冻死的威胁。东北抗日联军有三十余名军以上干部、百余名师以上干部壮烈牺牲，三万多名将士血染疆场。

杨靖宇，东北抗日联军的创建人和领导人之一，河南省确山县人，中共党员。在 1939 年秋冬季反“讨伐”作战中，他率领警卫旅转战于濛江一带，最后只身一人与敌人周旋 5 个昼夜，以无比坚强的毅力顽强战斗，直至弹尽粮绝，壮烈牺牲，时年 35 岁。杨靖宇牺牲后，残忍的日寇将其剖腹，发现他的胃里都是没有消化的枯草、树皮和棉絮，却没有一粒粮食。

赵尚志，东北抗日联军的创建人和领导人之一，辽宁省朝阳县人，东北地区最早的共产党员之一。面对日伪军的疯狂“讨伐”“清剿”，赵尚志率领抗联部队进行了英勇无比的艰苦战斗。远征松嫩平原，爬冰卧雪，风餐露宿，作战百余次，打破了敌人一次又一次的重兵“讨伐”和“清剿”。1942 年 2 月，赵尚志在战斗中身负重伤被俘，宁死不屈，壮烈牺牲，年仅 34 岁。凶残的敌人割下了他的头颅，把他的遗体扔进了松花江的冰窟中。

小学语文课本里有一篇课文叫《一个粗瓷大碗》，讲述的是“红枪白马女政委”赵一曼的故事。赵一曼，四川省宜宾县人，中共党员。1935 年 11 月，赵一曼为掩护部队突围，浴血奋战，身负重伤，昏迷被俘。野蛮的日寇对她施以残忍的酷刑，用钢针刺伤口，用烧红的烙铁烫皮肉。她宁死不屈，严词痛斥日寇的罪恶行径。1936 年 8 月，日寇知道无法从赵一曼口中得到有用的情报，决定把她处死“示众”。临刑前，她一路高呼“打倒日本帝国主义！”“中国共产党万岁！”视死如归，从容就义，年仅 31 岁。沿途群众悲愤交加热泪盈眶。

“八女投江”的故事让人潸然泪下肃然起敬。1938 年 10 月，乌斯浑河畔，寒气逼人。以东北抗日联军第五军第一师妇女团指导员冷云为首的 8 名女战士胡秀芝、杨贵珍、郭桂琴、黄桂清、王惠民、李凤善、安顺福，为了掩护主力部队转移，毅然放弃渡河撤退的机会，主动吸引日伪军火力。在打完最后一颗子弹后，坚决拒绝敌人的威逼利诱，宁死不降。她们蹚着冰冷的河水，手挽手集体投江，全部壮烈牺牲，为中华民族的解放献出了年轻的生命。她们中年龄最大的只有 23 岁，最小的刚刚 13 岁。

陕北的好江南——南泥湾精神

油画《南泥湾》（105cm×220cm；创作者：张自嶷；1961 年）

为了战胜困难，坚持抗战，我们党领导解放区军民坚持自力更生，开展了大生产运动。开垦南泥湾的三五九旅是大生产运动中的先进典型，他们把“没有人烟”的荒山废地建成了“陕北的好江南”，受到了党中央的嘉奖和赞誉。在火热的画面中，在杂草丛生的山坡上，八路军战士正在奋力地挥起镢头开垦荒地，有的战士直接用双手挖出土中的石头或树根。不远处，一位战士肩挑水桶，往山上走来，那应该是送水送饭的炊事班战士吧。稍远处，是架起的枪支和似乎在商讨更好更快开荒方法的战士。遥望更远处，让人不由自主地惊奇赞叹，原来每一处山坡上都有战士们在奋力开荒。远处的山坡上，白色的烟雾冉冉升起，增强了画面的真实和动感。

“南泥湾好地方，好地方来好风光，到处是庄稼，遍地是牛羊。如今的南泥湾，与往年不一般，再不是旧模样，是陕北的好江南。”这熟悉的歌词就出自歌曲《南泥湾》，这首经典的歌曲生动描绘了南泥湾从过去“到处是荒山”“没有人烟”到“陕北的好江南”的巨大变化，歌颂了三五九旅自力更生、艰苦奋斗，“又战斗来又生产”，开垦南泥湾的奋斗历程。

1941 年春，八路军三五九旅在旅长王震带领下，奉命开进南泥湾。一方面是要做好陕甘宁边区“南大门”的守卫工作，履行好战斗队的职责；另一方面还要想方设法解决部队的生活问题，承担好生产队的使命。初到南泥湾，从旅长到普通战士，全旅官兵千方百计克服缺乏粮食、没有住房和缺少生产工具等各种严重的困难，风餐露宿，披荆斩棘，同甘共苦，开荒种地。三五九旅广大官兵一边拿起枪支战斗，一边拿起镢头生产，用勤劳的双手和无尽的汗水，开垦了二十多万亩荒地。他们收获的粮食越来越多，逐步解决了部队自身的生活问题，还能上缴越来越多的公粮。保证了部队的稳定和战斗力，减轻了原本并不富裕的广大人民群众的负担，密切了党和人民群众的联系，是大生产运动中的先进典型，是延安时期发展经济的先锋，受到了党中央的嘉奖和赞誉。南泥湾的故事在延安、在广大的解放区到处传唱，激励和鼓舞着广大军民积极投身到轰轰烈烈的大生产运动中。

众所周知，抗日战争进入战略相持阶段后，敌后战场的斗争形势日益严峻。特别是 1941 年以后，由于日寇的疯狂进攻和“扫荡”，国民党顽固派的军事包围和经济封锁，解放区的财政经济面临着极其严重的困难。为了战胜困难，坚持抗战，1939 年 2 月，当困难刚刚显露的时候，毛泽东就发出了“自己动手”的号召。[①]1941 年，党中央再次强调必须走生产自救的道路，号召解放区军民自力更生，克服困难，开展大生产运动。毛泽东、朱德、周恩来、任弼时等中央领导亲自动手开荒种菜，开展纺纱。歌曲《军民大生产》用激昂灵动的曲调描述了军民热火朝天的劳动场面：解放区呀么嗬嗨，大生产呀么嗬嗨，军队和人民西里里里，嚓啦啦啦嗦罗罗罗呔，齐动员呀么嗬嗨……大生产运动的开展，使解放区克服了严重的物质困难，粉碎了敌、伪、顽的封锁，为争取抗日战争的胜利奠定了物质基础，密切了党政军民关系，形成了自力更生、艰苦奋斗的精神，也积累了经济建设的经验，培养了经济建设的人才。

“天上发光日月星，地下五谷万物生，来了咱们的毛主席，挖断了苦根翻了身，自立更生闹革命，开展了生产大运动……”

①本书编写组：《中国共产党简史》，北京：人民出版社、中共党史出版社，2021 年，第 93 页。

这是歌曲《咱们的领袖毛泽东》的部分歌词。歌词的作者名叫孙万福，是大生产运动中成长起来的一位劳动英雄。他能说会唱，却是一位大字不识的农民。1943 年，当选为劳动英雄的孙万福，光荣参加了陕甘宁边区劳动英雄代表大会，见到了毛泽东等党中央领导人。他无法抑制内心的激动，现场脱口唱出了这首《咱们的领袖毛泽东》，唱出了人民群众对党的领袖充满深厚感情的爱戴和拥护。

千山万壑，铜壁铁墙——
太行精神（吕梁精神）

太行鐵壁
甲子年七月畫於北京

中国画《太行铁壁》（200cm×200cm；创作者：王迎春、杨力舟；1984年）

抗日战争全面爆发以后，党领导八路军和太行人民，不怕牺牲，英勇奋斗。在充满力量、气场强大的淡墨画面中，抗战的军民从左到右，从前到后，东西南北，四面八方，巍然耸立，紧密团结，形成了强大的铜墙铁壁。每个人都挺直了不屈的脊梁，每个人的神情都是那么的坚毅。居中的朱德和彭德怀，代表着党的坚强领导。他们的衣着打扮与周围的战士群众基本没有区别，体现了党和人民群众同心同德、同甘共苦。从白发苍苍的老爷爷到站立在老奶奶跟前的小女孩，从手持红缨枪的少年到手持红缨枪的女民兵到持枪的游击队员到八路军将士，从衣着具有地域和民族特色服饰的各民族战士群众中，我们看到了太行地区各民族、各行业、男女老少、全体军民万众一心坚决抵抗外来侵略的坚毅不屈和伟大力量，我们看到了中华民族万众一心坚决抵抗外来侵略的坚毅不屈和伟大力量。

2020 年 5 月 12 日，习近平在山西考察工作时发表讲话指出：山西也是具有光荣革命传统的地方，是八路军总部所在地，是抗日战争主战场之一，建立了晋绥、晋察冀、晋冀鲁豫抗日根据地，平型关大捷、百团大战等闻名中外，太行精神、吕梁精神是我们党宝贵的精神财富。这些都要充分挖掘和利用，以丰富多彩的历史文化、红色文化资源为山西发展提供精神力量。①

“看吧，千山万壑，铜壁铁墙。抗日的烽火，燃烧在太行山上，气焰千万丈。听吧，母亲叫儿打东洋，妻子送郎上战场。我们在太行山上，我们在太行山上，山高林又密，兵强马又壮，敌人从哪里进攻，我们就要它在哪里灭亡！”这首创作于 1938 年的《在太行山上》，生动形象地描绘了太行军民万众一心、同仇敌忾，坚决抵抗日寇侵略的豪迈气概和磅礴气势，迅速传遍了广大敌后抗日根据地，传遍了全中国，极大地鼓舞了中国人民的抗战热情。

抗日战争全面爆发以后，党领导八路军和太行人民，不怕牺牲，英勇奋斗，取得了一个又一个胜利，为中国人民抗日战争的伟大胜利作出了重要贡献。1937 年 9 月，八路军取得平型关大捷，歼灭日寇 1000 余人，打破了日军“不可战胜”

①习近平：《论中国共产党历史》，北京：中央文献出版社，2021 年，第 40 页。

的神话。1940 年 8 月至 1941 年 1 月，八路军发动的“百团大战”，大小战斗 1800 多次，毙伤日、伪军 2.5 万余人，沉重打击了日寇的嚣张气焰，极大地增强了全国人民坚决抵抗日寇侵略的信心和勇气。为了抵抗日寇的侵略，八路军和太行人民浴血奋战，许多优秀将士血染黄土地，以身殉国。

“名将以身殉国家，愿拼热血卫吾华。太行浩气传千古，留得清漳吐血花。”这是八路军总司令朱德为悼念左权所作的一首诗。

左权，杰出的无产阶级革命家、军事家，中共党员。抗日战争全面爆发后，左权担任八路军副参谋长，协助彭德怀指挥了著名的百团大战。他指挥的黄崖洞保卫战，歼敌 2000 多人，被中央军委称为“反扫荡的模范战斗”。1942 年 5 月 25 日，为掩护八路军总部等机关突围转移，左权将个人生死置之度外，亲自指挥部队，连续打退敌人多次进攻，但不幸中弹牺牲，年仅 37 岁。左权是中国共产党在抗日战场上牺牲的最高级别的将领。

1937 年 12 月，在繁忙的征战之余，左权给多年没有见面的母亲写了一封信，表达了誓死抗日的决心：“我们也决心与华北人民共艰苦、共生死。不管敌人怎样进攻，我们准备不回到黄河南岸来。”②

刘胡兰，山西省文水县人，中共党员。她从小就积极参加了村里的抗日儿童团，为八路军站岗、放哨、送情报。1947 年 1 月 12 日，刘胡兰被阎锡山国民党军队和地主武装抓获。敌人将同时被捕的 6 名革命群众当场铡死，威胁她投降。她毫不畏惧地说：“怕死不当共产党！”从容躺在铡刀下，壮烈牺牲，尚未满 15 岁。毛泽东为她亲笔题词：“生的伟大，死的光荣。”连这么年轻的孩子都能残忍地杀害，国民党反动派怎么可能不被埋在历史的垃圾堆里、怎么可能不被钉在历史的耻辱柱上！

党领导人民军队为人民浴血奋斗，人民群众看在眼里记在心里，积极爱党拥军。“子弟兵的母亲”戎冠秀便是其中一位突出的代表。在根据地军民反日寇“扫荡”斗争中，戎冠秀带领妇救会成员为前线送水送饭，组织群众坚壁清野。她一次又一次冒着生命危险抢救伤员，她像妈妈照顾孩子一样护理伤员。很多身负重伤、生命垂危的八路军战士在她的精心照顾下恢复了健康，重返前线，伤员们亲切地喊她“娘”。1944 年，戎冠秀被授予“子弟兵的母亲”光荣称号。解放战

②王孝柏、刘元生：《左权传》，北京：人民出版社，2013 年，第 174 页。

争时期，为了支援前线、保卫解放区，戎冠秀把最小的儿子送上前线，又走村串户动员男子参军打仗，组织妇女做军鞋、送军粮，努力生产积极支前。新中国成立后，戎冠秀继续保持和发扬战争年代的革命精神，积极参加家乡建设，一如既往爱党拥军。

大别山烈火燃，创建了根据地

鄂豫皖——大别山精神

中国画《千里挺进大别山》（200cm × 200cm；创作者：叶军、张众；2021 年）

新民主主义革命时期，我们党在大别山领导创建了鄂豫皖革命根据地，长期坚持革命斗争。1947 年 6 月 30 日，按照党中央的决策部署，刘伯承、邓小平率领晋冀鲁豫野战军主力，一举突破黄河天险，千里挺进大别山，紧紧依靠人民群众，迅速建立民主政权，很快就站稳了脚、扎下了根，为解放战争的胜利打下了坚实的基础。在墨韵淡染的素雅画面中，有限的空间布局紧密而又井然有序。居中的刘伯承右手握着望远镜，胸有成竹地思考着谋划着；他他左上侧的邓小平，左手指向前方，充满了坚定和自信。他们周围的战士们，肩扛手提枪支弹药，神情坚定地向着大别山勇往直前，连战马都是奋力向前的模样。一位战士用力吹响军号，召唤和指引着后面那紧紧跟随的千军万马。

2019 年 9 月 18 日，习近平在河南考察工作时发表讲话指出：焦裕禄精神、红旗渠精神、大别山精神等都是我们党的宝贵精神财富。[①]

大别山，雄踞鄂豫皖三省交界处，横亘江淮之间，绵延数百公里。土地革命战争时期，我们党在这里领导创建了仅次于中央苏区的第二大农村革命根据地——鄂豫皖革命根据地。这里，诞生了多支红军主力部队；这里，“野火烧不尽，春风吹又生”，从 1921 年中国共产党诞生到 1949 年新中国成立，二十八年红旗不倒。

1927 年 11 月 13 日，黄麻起义爆发，打响了鄂豫皖地区武装反抗国民党反动派的第一枪，揭开了鄂豫皖地区武装斗争、土地革命和苏维埃政权建设的序幕，以大别山为中心的鄂豫皖革命根据地逐步形成。

1947 年 6 月，党中央正确研判战争形势，决定不等完全粉碎敌人的战略进攻，就转入全国性反攻，将战争引向国民党统治的地区，并选择大别山作为主要突击方向。6 月 30 日，刘伯承、邓小平率领晋冀鲁豫野战军主力 12 万人，一举突破黄河天险，揭开了解放战争战略进攻的序幕。8 月末，刘邓大军进入了大别山区，紧紧依靠人民群众，迅速建立民主政权，

①习近平:《论中国共产党历史》, 北京: 中央文献出版社, 2021 年, 第 261 页。

很快就在大别山站住了脚、扎下了根，为此后进行的淮海战役乃至整个解放战争的胜利打下了扎实的基础。

无数优秀的英雄儿女心怀坚定的理想信念，积极投身革命洪流，前仆后继，英勇斗争，铸造了感人肺腑的大别山精神。20 万大别山儿女献出了宝贵生命，在册的烈士就达 13 万多。被称为“将军的摇篮”的鄂豫皖苏区首府所在地河南省新县，当时人口不足 10 万，就有 5.5 万人为革命而牺牲。被称为“小延安”的中原局所在地确山竹沟，因其重大的革命作用，引起了国民党顽固派的极端仇恨。1939 年 11 月，国民党顽固派军队突袭竹沟，残杀留守处医院的伤病人员及抗战官兵家属 200 余人，制造了骇人听闻的确山惨案。在日寇疯狂侵略中国之际，在国共合作抗日时期，残忍屠杀抗战官兵家属和伤病人员，国民党顽固派的滔天罪恶实在是罄竹难书！

吴焕先，河南省新县人，中共党员，鄂豫皖革命根据地和红四方面军、红二十五军创建人之一。1926 年秋，吴焕先“破家革命”，烧毁地契和借条，把自家的田地分给佃户，在当地引起了很大轰动，也招致了土豪劣绅的极端仇视。当年冬，反动地主武装勾结土匪将吴焕先一家大小六口残忍杀害。1927 年 11 月，吴焕先率领农民武装参加黄麻起义，开展和坚持武装斗争。红四方面军西征后，他主持重建红二十五军，先后担任军长、军政委。面对敌人疯狂“围剿”、物资极其短缺的严峻局面，他领导红二十五军和地方军民进行了艰苦卓绝的斗争。1935 年，吴焕先指挥红二十五军挥师猛进，威胁敌人后方，积极策应党中央和中央红军的北上。8 月 21 日，红二十五军在甘肃省泾川县四坡村附近遭到敌人突然袭击，吴焕先为掩护主力突围，身先士卒，英勇奋战，壮烈牺牲，年仅 28 岁。吴焕先深受红二十五军将士的尊敬和爱戴，是公认的红二十五军的“军魂”。

蒙山高，沂水长，军民心向共产党
——沂蒙精神

雕塑《红色沂蒙》（200cm × 63cm × 50cm；创作者：王树山；2015 年）

沂蒙山是一片美丽的土地，是一片传奇的土地，这里涌现了无数可歌可泣的英雄人物和动人故事。在淡淡金色的雕塑中，最前面的战士，右手持枪，身背行囊，大步向前，大概是要奔赴前面那激烈战斗的战场。紧跟其后，几位女同志用担架抬着一名伤员，前面一位背枪的女民兵在关切地回首看望。

在他们后面，一位女同志用独轮车推着一名伤员，飘摆的围巾可以看出她步履匆匆。这是著名的“沂蒙六姐妹”的故事么？在他们的脚下，是群众和战士用肩膀支撑起来的一座浮桥。画面的最右侧，是一位女同志在抢救受伤的战士。看情形，那大概是“沂蒙红嫂”的故事。沂蒙山，真是一片英雄的土地。

2013 年 11 月 28 日，习近平在山东考察工作时发表讲话指出：山东是革命老区，有着光荣传统，军民水乳交融、生死与共铸就的沂蒙精神，对我们今天抓党的建设仍然具有十分重要的启示作用。①

“人人那个都说哎，沂蒙山好，沂蒙那个山上哎，好风光……”这首旋律优美的歌曲就是著名的山东经典民歌《沂蒙山小调》。动听的歌曲四处传唱，沂蒙山的好风光传遍四面八方，感人的沂蒙山革命故事和沂蒙精神更是代代传扬。

沂蒙山是一片美丽的土地，是一片传奇的土地，是一片英雄的土地。这里是抗日战争和解放战争时期著名的革命根据地、山东解放区的首府和华东地区革命斗争的指挥枢纽。这里有与日寇血战到底的“山东抗日第一村”，这里曾经发生过著名的孟良崮战役，这里涌现了无数可歌可泣的英雄儿女。

1941 年 12 月 20 日凌晨，1000 多名装备精良的日寇突袭渊子崖村。在村长带领下，全村男女老少齐上阵，用大刀、长矛、土枪、土炮坚守围墙，英勇抗击，誓死保卫家园。经过一天的激烈战斗，共歼灭日寇 100 多人。全村有 147 人壮烈牺牲，加上前来支援的八路军战士、县区武工队战士和外村群众，共牺牲 240 多人。渊子崖保卫战充分展示了中国人民宁死不屈、坚决反抗的斗争精神，打击了日寇的嚣张和疯狂。渊子崖村被授予“抗日楷模村”称号，被人们赞誉为“山

①习近平：《论中国共产党历史》，北京：中央文献出版社，2021 年，第 43 页。

东抗日第一村”。

1947年5月，根据毛泽东的指示，在陈毅、粟裕的指挥下，中国人民解放军华东野战军发起了孟良崮战役，全歼国民党整编第七十四师。孟良崮战役的胜利，打败了国民党最精锐的部队，打击了蒋介石最强大的进攻方向，挫败了国民党军队对山东解放区的重点进攻，有力地配合和支持了陕北和全国其他战场。

“蒙山高，沂水长，军民心向共产党。红心映朝阳，映朝阳。炉中火，放红光，我为亲人熬鸡汤。续一把蒙山柴炉火更旺，添一瓢沂河水情深意长。愿亲人早日养好伤，为人民求解放重返前方，重返前方。”一曲充满深情的《愿亲人早日养好伤》，描绘了沂蒙山人民群众爱党拥军的动人画面，歌颂了党和人民群众深厚的鱼水之情。

“沂蒙母亲”王换于先后收养了80多名八路军子女。在艰苦的战争年代，她绞尽脑汁，四处奔波，克服种种困难，为孩子们找粮食和奶水，用心呵护每一个孩子健康成长。她自己的四个孙子却因照顾不周、营养不良而先后夭折。她以这种方式默默播撒大爱，全力支持抗战。在沂蒙，这样的“沂蒙母亲”还有多位。

“沂蒙六姐妹”张玉梅、伊廷珍、杨桂英、伊淑英、冀贞兰、公方莲拥军支前的模范事迹传遍了沂蒙山，并代代相传直至今天。1947 年，在孟良崮战役期间，住在距离孟良崮不远的烟庄村的“沂蒙六姐妹”，挺身而出，积极支前。她们翻山越岭把 5000 斤粮草送到战场上，她们组织群众在两天内把 5000 斤粮食做成煎饼并送到前线战士手中。她们通宵达旦做军鞋，她们肩扛手抬送弹药，她们迎着敌人的炮火上前线，她们冒着被敌人抓住杀害的危险去支前。眼睛熬红了，肩膀压肿了，双手磨出了血，双脚磨出了泡，没人喊累，没人后退。她们用柔弱的肩膀和男人们一起扛起了战争的重担，她们是共和国的英雄。

孟良崮战役的胜利离不开沂蒙山人民群众的支持，淮海战役的胜利是人民群众用小车推出来的，渡江战役的胜利是人民群众用小船划出来的，中国革命的胜利是党领导人民群众团结奋斗出来的。

树高千尺也忘不了根——老区精神

油画《英雄姐妹》（199cm×124cm；创作者：王德威；1957 年）

革命老区是党和人民军队的根，是中国人民选择中国共产党的历史见证。在战争年代，老区人民养育了中国共产党及其领导的人民军队，提供了坚持长期斗争所需要的人力、物力和财力，为壮大革命力量，取得最后胜利，作出了巨大贡献。在气氛有些紧张的画面中，那密密匝匝一眼望不到边的似乎是秋冬季节的芦苇丛。一位年轻的女孩，用力背着一名受伤的战士。头上的绷带，下垂的左手，可以看出这名战士受伤很重。另一位女孩，左手持枪，眼睛警惕地注视着周围。飘动的辫子，可以看出她们步履匆匆。敌人可能就在不远的后面，也可能从前面突然出现。无论如何，都要赶快把这位受伤的战士送到安全的地方，都要努力挽救他宝贵的生命。因为他是我们的战友，我们的兄弟，我们的亲人。

2015 年 2 月 13 日，习近平在陕甘宁革命老区脱贫致富座谈会上的讲话中指出：老区和老区人民，为我们党领导的中国革命作出了重大牺牲和贡献。这些牺牲和贡献永远镌刻在中国共产党、中国人民解放军、中华人民共和国的历史丰碑上。我们要永远珍惜、永远铭记老区和老区人民的这些牺牲和贡献，继承和发扬老区和老区人民的光荣传统，为实现“两个一百年”奋斗目标、实现中华民族伟大复兴的中国梦而不懈奋斗！[①]

2021 年 2 月，国务院发布《关于新时代支持革命老区振兴发展的意见》提出，以习近平新时代中国特色社会主义思想为指导，努力走出一条新时代振兴发展新路，把革命老区建设得更好，让革命老区人民过上更好生活，逐步实现共同富裕。

老区，是革命老根据地（改革开放后统一称为革命老区）的简称，指的是土地革命战争时期和抗日战争时期，中国共产党领导创建的革命根据地，广泛分布在全国各地。革命老区是党和人民军队的根，是中国人民选择中国共产党的历史见证。在战争年代，老区人民养育了中国共产党及其领导的人民军队，提供了坚持长期斗争所需要的人力、物力和财力。

①习近平：《论中国共产党历史》，北京：中央文献出版社，2021 年，第 45 页。

为壮大革命力量，取得最后胜利，作出了巨大贡献，付出了巨大牺牲。革命老区是新中国的摇篮，是中国社会主义大厦的牢固基石。老区的革命传统和历史经验是极其宝贵的精神财富，一直激励和鼓舞着老区人民，激励和鼓舞着全国各族人民努力奋斗。老区的光辉业绩和英雄人物彪炳史册，在中国共产党辉煌奋斗史、中国近现代革命和建设历史、中华民族伟大复兴的历史上熠熠生辉，永放光芒。

1943 年春，日寇对江苏北部淮海抗日根据地进行大规模“扫荡”。为掩护主力部队、党政机关和人民群众转移，新四军第三师七旅十九团四连，在江苏淮阴刘老庄与日寇展开激战。全连 82 名勇士浴血奋战，连续打退 1000 多名日伪军五次进攻，击毙日伪军 100 多人，最后全部壮烈牺牲。为纪念四连的英勇战斗，战后重建该连，并命名为“刘老庄连”。

在革命老区安徽省岳西县的上坊村，发生过一个“徐大娘舍子救红军”的故事。1935 年 10 月，国民党反动派来“清剿”，徐大娘冒着危险藏起了两名红军战士。敌人搜查无果，就把她的独生儿子抓起来，威逼她说出红军战士的下落。她决然保住了两名红军战士，独生儿子被敌人杀害了。在革命老区，又岂止一个徐大娘啊，多少父老乡亲舍生忘死、舍家舍亲保护我们的战士、保护我们的党员。

北京密云县有一位名叫邓玉芬的农村妇女，在抗日战争和解放战争时期，先后把丈夫和 5 个儿子送上前线，全部战死沙场，被誉为“当代佘太君”。邓玉芬自己又冒着生命危险掩护和救治八路军战士和县区干部。她把他们当作亲人，烧水做饭，缝补衣服，细心照顾伤病员。

“最后一碗米送去做军粮，最后一尺布送去做军装，最后一件老棉袄盖在担架上，最后一个亲骨肉送去上战场。”这首在革命战争年代广为传唱的民谣，是党和人民鱼水深情的生动体现，是人民战争的真实写照，在和平发展的今天依然闪耀着感人的光芒，依然充满着磅礴的力量。

为人民服务——张思德精神

油画《深山烧炭（张思德组画之一）》（109cm×78cm；创作者：肖峰；1975 年）

张思德（1915 年 4 月 19 日—1944 年 9 月 5 日），四川仪陇人，全心全意为人民服务的典范。在炭窑坍塌的一刹那，他奋不顾身地把战友推出窑洞，自己却壮烈牺牲。在画面的构图中，张思德的形象非常高大突出，这与他的伟大精神非常契合。张思德面带笑容，身背钢枪，脚步坚定踏实，手臂健壮有力。他左手挽起右臂上的衣袖，预示着马上又要开始热火朝天的生产劳动了。

2015 年 2 月 15 日，习近平在陕西考察工作时发表讲话指出：全心全意为人民服务是党的根本宗旨。延安时期，毛泽东同志在追悼张思德同志时发表的《为人民服务》的演讲，深刻揭示了党群关系、干群关系、军民关系的真谛。[①]

张思德，1915 年出生在四川省仪陇县一个贫苦佃农家庭，1933 年参加红军，同年加入中国共产主义青年团，1935 年跟随红四方面军参加了长征，1937 年加入中国共产党。他战斗机智勇敢，先后多次负伤，在一次战斗中一个人从敌人手中夺得两挺机枪。1942 年部队整编，他服从组织分配，调入中央警卫团当战士。他带头帮助驻地群众生产劳动，还经常帮助战友编织草鞋、补洗衣服。

1944 年初，张思德积极参与党中央发起的大生产运动，主动报名参加中央机关组织的生产小分队，到安塞县生产农场参加生产劳动，并被选为农场副队长。他积极劳动，不怕脏、

①习近平：《论中国共产党历史》，北京：中央文献出版社，2021 年，第 100 页。

不怕苦、不怕累，处处发挥模范带头作用。带领战友挖窑巡窑，烧火出炭，每天都是忙个不停，晚上也常常加班劳动，每次出炭时总是率先钻进炭窑、承担最脏最累的工作。

1944 年 9 月 5 日，张思德和战友在挖建炭窑的过程中，突然出现崩塌险情。在那千钧一发的危急时刻，张思德奋不顾身地将战友推出窑外，自己却被埋在里面而英勇牺牲。张思德为了战友的安全、为了人民的利益，献出了自己年仅 29 岁的宝贵生命。

9 月 8 日，在张思德同志的追悼会上，毛泽东作了题为《为人民服务》的演讲，对张思德的英勇牺牲给予了高度评价："张思德同志是为人民利益而死的，他的死是比泰山还要重的。"并明确提出"我们的共产党和共产党所领导的八路军、新四军，是革命的队伍。我们这个队伍完全是为着解放人民的，是彻底地为人民的利益工作的""我们是为人民服务的"。②

②毛泽东:《毛泽东选集》(第三卷)，北京: 人民出版社，1991 年，第 1004 页。

从此以后，张思德成了为人民服务的代名词，张思德精神就是全心全意为人民服务。历史永远铭记英雄，人民时刻怀念英雄。2009 年，张思德入选“100 位为新中国成立作出突出贡献的英雄模范人物”。2018 年 9 月，中央军委政治工作部统一印制张思德、董存瑞、黄继光、邱少云、雷锋、苏宁、李向群、杨业功、林俊德、张超 10 位挂像英模画像，并下发至全军连级以上单位。

1945 年 4 月，毛泽东在党的七大政治报告《论联合政府》中强调：“全心全意地为人民服务，一刻也不脱离群众；一切从人民的利益出发，而不是从个人或小集团的利益出发；向人民负责和向党的领导机关负责的一致性；这些就是我们的出发点。”③在党的七大上，“中国共产党人必须具有全心全意为中国人民服务的精神”写入了党章。此后，“全心全意为人民服务”作为党章中关于党的建设必须坚持的基本要求之一，始终坚持下来。新中国成立后，“为人民服务”又

③毛泽东：《毛泽东选集》（第三卷），北京：人民出版社，1991 年，第 1094—1095 页。

被写入了宪法，成了一切国家机关和国家工作人员的基本遵循。如今，为人民服务不仅是党政机关、共产党员、国家工作人员的基本要求，也成了中国人民持之以恒的价值追求，越来越多的人在努力为大家服务之中实现自己的人生价值。

第二章

社会主义革命和建设时期的伟大精神

油画《开国大典》（230cm×405cm；创作者：董希文；1953 年）

在色彩明快、充满喜庆的画面中，天蓝云白，万里晴空。宽阔的天安门广场，一队队方阵整整齐齐，五彩的旗帜迎风飘扬，三十万军民静静地、激动地注视着天安门城楼。焕然一新的天安门城楼上，菊花怒放，朱红的圆柱巍然屹立。崭新的大红灯笼高高挂起，金黄的穗结随风摆动。居中的毛泽东主席，双手拿着文稿，挺拔英武，神情肃穆。他身后是朱德、刘少奇、宋庆

龄、周恩来等国家领导人。每个人的脸上都是抑制不住的激动和喜悦。是呀，经过二十八年的浴血奋战，经过一百多年的浴血奋斗，中华人民共和国成立了，中国人民站起来了。开国大典现场的国家领导人和三十万军民能不激动、能不喜悦吗？全国亿万人民群众能不激动、能不喜悦吗？

1949 年，中华人民共和国成立后，我们党团结带领全国各族人民“宜将剩勇追穷寇”，继续完成民主革命的遗留任务，战胜了帝国主义、霸权主义的颠覆破坏和武装挑衅。通过社会主义革命，消灭了在中国延续了几千年的封建剥削和压迫制度，确立了社会主义基本制度，实现了中华民族有史以来最为广泛而深刻的社会变革。大力开展社会主义建设，实现了一穷二白、人口众多的东方大国大步迈进社会主义社会的伟大飞跃，为实现中华民族伟大复兴奠定了根本政治前提和制度基础。历史和事实生动证明了，勤劳勇敢的中国人民不但能够破坏一个“朱门酒肉臭，路有冻死骨”的悲惨旧世界，而且善于建设一个“政通人和，百废俱兴”的美好新世界。

社会主义革命和建设时期的伟大精神包括抗美援朝精神、“两弹一星”精神、雷锋精神、焦裕禄精神、大庆精神（铁人精神）、红旗渠精神、北大荒精神、塞罕坝精神、“两路”精神、老西藏精神（孔繁森精神）、西迁精神、王杰精神。这些伟大精神围绕着社会主义革命和建设的时代主题，聚焦于热爱祖国、无私奉献、艰苦奋斗的深刻内涵，鼓舞和激励着广大人民群众豪情万丈建功立业、建设社会主义伟大祖国。

若是那豺狼来了，迎接它的有猎枪

——抗美援朝精神

油画《激战——抗美援朝》（278cm × 400cm；创作者：章晓明、周小松；2009 年）

抗美援朝的胜利，打破了美帝国主义不可战胜的神话，宣告了西方侵略者几百年来只要在东方一个海岸上架起几尊大炮就可霸占一个国家的时代是一去不复返了，成千上万的英雄儿女为了祖国、为了人民、为了和平献出了宝贵的生命。在充满血与火的画面中，爆炸四起，硝烟弥漫，火光冲天，天地难分。敌我双方混战在一起，扭打在一起，乍然一看很难分清哪个是志愿军战士，哪个是敌人。那面被炮火打得破损的红色军旗，始终高高挺立，始终向前冲锋。是那么的引人注目，是那么的振奋人心。那是中国人民志愿军顽强奋战的旗帜，那是中国人民志愿军冲向胜利的旗帜。

2020年10月23日，习近平在纪念中国人民志愿军抗美援朝出国作战70周年大会上的讲话中指出：在波澜壮阔的抗美援朝战争中，英雄的中国人民志愿军始终发扬祖国和人民利益高于一切、为了祖国和民族的尊严而奋不顾身的爱国主义精神，英勇顽强、舍生忘死的革命英雄主义精神，不畏艰难困苦、始终保持高昂士气的革命乐观主义精神，为完成祖国和人民赋予的使命、慷慨奉献自己一切的革命忠诚精神，为了人类和平与正义事业而奋斗的国际主义精神，锻造了伟大抗美援朝精神。①

“雄赳赳，气昂昂，跨过鸭绿江。保和平，卫祖国，就是保家乡。中国好儿女，齐心团结紧，抗美援朝，打败美帝野心狼……”这首激昂豪迈的《中国人民志愿军战歌》，反映了中国人民志愿军坚决打败美帝国主义的英雄气概和对祖国对人民的深深热爱，感染和教育着一代又一代的中华儿女努力奋斗保家卫国，提醒一代又一代的炎黄子孙不要忘记那场残酷的战争、不要忘记那些“最可爱的人”！

1950年6月25日，朝鲜内战爆发。强权霸道的美帝国主义立即作出武装干涉朝鲜内战的决定，并派遣第七舰队侵入台湾海峡，公然阻挠中国统一大业。1950年10月初，美

①习近平：《习近平谈治国理政》（第四卷），北京：外文出版社，2022年，第74页。

军不顾中国政府的一再警告，悍然越过三八线，把战火烧到中朝边境，“黑云压城城欲摧”，直接威胁到新中国的国家安全。10 月 19 日，中国人民志愿军雄赳赳，气昂昂，跨过鸭绿江，赴朝作战，“不破楼兰终不还”。就像《我的祖国》所歌唱的那样，“朋友来了有好酒，若是那豺狼来了，迎接它的有猎枪”！ 1953 年 7 月 27 日，停战协定签订，抗美援朝胜利结束。抗美援朝的胜利，“打得一拳开，免得百拳来”。打破了美帝国主义不可战胜的神话，宣告了西方侵略者几百年来只要在东方一个海岸上架起几尊大炮就可霸占一个国家的时代是一去不复返了。197653 名英雄儿女为了祖国、为了人民、为了和平献出了宝贵的生命。

电影《长津湖》里，有一个让人热泪盈眶的“冰雕连”画面。一排排志愿军战士俯卧在冰冷的雪地里，手握钢枪，保持着战斗的姿态，冻成了“冰雕”，全部壮烈牺牲。很多人以为这是一个虚构的故事，其实这是在抗美援朝战争中发生过的真实事情，并且这样的“冰雕连”还有多个。志愿军战士无畏地面对敌人、无畏地面对死亡，到底为了什么？一位“冰雕连”志愿军战士留下的字条是这样写的：我爱亲人和祖国，更爱我的荣誉，我是一名光荣的志愿军战士，冰雪啊，我绝不屈服于你，哪怕是冻死，我也要高傲地耸立在我的阵地上！

特级英雄杨根思的故事也发生在长津湖战役中。1950 年 11 月，连长杨根思奉命带领三连坚守长津湖南端下碣隅里外围 1071.1 高地东南的小高岭，负责切断美军“王牌师”陆战一师的南逃退路。11 月 29 日拂晓，企图逃跑的美军狗急跳墙，集中各种强大火力狂轰滥炸，小高岭瞬间变成了一片火海。杨根思率领战士们顽强抵抗，接连打退美军 8 次进攻。当投完手榴弹，射出最后一颗子弹时，又有 40 多名美军爬上山顶。“独有英雄驱虎豹，更无豪杰怕熊罴。”危急关头，杨根思抱起仅有的一包炸药，拉燃导火索，奋不顾身冲向敌群，与爬上阵地的美军同归于尽，献出了年仅 28 岁的宝贵生命。电影《英雄赞歌》赞颂了喊出“为了胜利，向我开炮”的英雄王成，王成的原型就是杨根思、于树昌、赵先有、王万成等战斗英雄。

著名的上甘岭战役，从 1952 年 10 月 14 日至 11 月 25 日历时 43 天，敌我双方在面积仅有 3.7 平方公里的战场上进行了极其惨烈的战斗。炮兵火力的密度超过了第二次世界大战的最高水平，山头被削低两米，山上的土石被炸成了一片焦土。英勇的志愿军战士打退了敌人大小 600 多次进攻，进行了数十次反击，歼敌 2 万 5 千多人，志愿军伤亡 1 万 1 千多人。用身体堵住敌人机枪眼、为冲锋部队扫清前进道路的特级英雄黄继光，1952 年 10 月 20 日壮烈牺牲在上甘岭战场上，年仅

21岁。在上甘岭战役中，像黄继光这样，舍身炸地堡、堵枪眼、拉响手雷与敌人同归于尽的烈士，仅留下姓名的就有30多位！1952年10月14日，一级英雄孙占元，双腿被炸断仍然坚持指挥战斗。在生命的最后一刻，他拉响了最后一颗手雷，与蜂拥而上的敌人同归于尽，年仅27岁。1952年10月14日，二级英雄牛保才，在战斗中左腿被炸断，身负重伤。在生命的最后一刻，他忍住剧痛，用自己的身体将被打断的电话线连接起来，保证了指挥联络的畅通，牺牲时年仅25岁。

1952年10月12日，一级英雄邱少云所在部队奉命攻占美军前哨阵地，在潜伏时遭到敌人侦察燃烧弹的袭击。为了周围一起潜伏的战友不被敌人发现，为了战斗的胜利，邱少云以常人难以想象的坚强毅力忍受着烈火烧身的剧痛，放弃逃生的机会，趴在原地，一动不动，一声不响，直至壮烈牺牲，年仅26岁。

罗盛教的故事充分体现了中国人民志愿军为了人类和平与正义事业而奋斗的国际主义精神。在朝鲜的日子里，罗盛教和当地老乡结下了深厚的友谊，他经常帮助老乡担水劈柴。1952年1月2日清晨，当地气温零下20多度。一名朝鲜少年不慎掉进了冰窟窿。罗盛教听到呼救声，不顾严寒，飞快跳进冰冷的河水中。朝鲜少年得救了，罗盛教却没能浮出水面，献出了年仅 21 岁的宝贵生命。

1950 年 11 月 25 日上午，美国空军轰炸机突然飞临志愿军司令部所在地大榆洞上空，瞬间投下了几十枚凝固汽油弹。在作战室紧张工作的毛岸英和战友壮烈牺牲，毛岸英年仅 28 岁。毛岸英是毛泽东的长子，是毛泽东一家为了中国人民的革命事业而牺牲的第六位亲人。他时时刻刻严格要求自己，努力和人民群众打成一片，从不以领袖的儿子自居。抗美援朝战争爆发后，新婚不久的毛岸英主动请求入朝参战，任中国人民志愿军司令部俄语翻译兼机要秘书，他是“中国人民志愿军的第一个志愿兵”。

电影《英雄儿女》的主题曲《英雄赞歌》唱道：为什么战旗美如画，英雄的鲜血染红了它，为什么大地春常在，英雄的生命开鲜花……生活在和平年代的人们要珍惜和平的来之不易，生活在幸福之中的人们要“吃水不忘挖井人”。向中国人民志愿军全体将士致以崇高的敬意！向积极支持抗美援朝战争的全国各行各业人民群众致以崇高的敬意！

在征服宇宙的大军里，那默默奉献的就是我

——“两弹一星”精神

一九六四年十月十七日黎明于廣播聲中聞此
喜訊欣然作圖
陸抑非
1964年10月
人民日報
我国第一顆原子弹

中国画《喜庆中国第一颗原子弹爆炸成功》（109cm × 49cm；创作者：陆抑非；1964 年）

1964 年 10 月 16 日，我国第一颗原子弹爆炸成功。“两弹一星”是新中国建设成就的重要标志，极大地增强了我国的科技实力，特别是国防实力，奠定了我国在国际舞台上的重要地位，鼓舞了中国人民的志气。在明丽喜庆的画面中，花瓶中鲜红的花朵生机勃勃、光彩夺目，旁边是一部收音机，墙上挂着日历，《人民日报》的头版是第一颗原子弹爆炸成功的消息。结合题记，可以看出创作者听闻我国第一颗原子弹爆炸成功时的激动和欣喜。透过画面，可以想象出全国人民听闻我国第一颗原子弹爆炸成功时的激动和欣喜。

1999 年 9 月 18 日，江泽民在表彰为研制“两弹一星”作出突出贡献的科技专家大会上发表讲话指出：在为“两弹一星”事业进行的奋斗中，广大研制工作者培育和发扬了一种崇高的精神，这就是热爱祖国、无私奉献，自力更生、艰苦奋斗，大力协同、勇于登攀的“两弹一星”精神。①

“两弹一星”，指的是原子弹（后来指的是原子弹和氢弹）、导弹和人造卫星。1964 年 10 月 16 日，中国第一颗原子弹爆炸成功。1967 年 6 月 17 日，中国第一颗氢弹空爆试验成功。1966 年 10 月 27 日，中国第一颗装有核弹头的地地导弹飞行爆炸成功。1970 年 4 月 24 日，中国第一颗人造卫星“东方红一号”发射成功。从第一颗原子弹爆炸到第一颗氢弹爆炸，国际上此前最快的国家用了 4 年 7 个月，而中国只用了 2 年 8 个月。“两弹一星”的恢宏事业，是新中国建设成就的重要标志，是中华民族的光辉荣耀。“两弹一星”极大地增强了我国的科技实力特别是国防实力，奠定了我国在国际舞台上的重要地位，鼓舞了中国人民的志气，振奋了中华民族的精神。

电影《我和我的祖国》之《相遇》单元，讲述的是一对曾经的恋人，在公交车上偶然相遇。因为参与研制原子弹工作保密的需要，男主角不得不装作是被误认的路人，既不能

①《在表彰为研制“两弹一星”作出突出贡献的科技专家大会上的讲话》，《人民日报》1999 年 9 月 19 日，第 4 版。

此刻相认，也不能解释此前的突然“消失”。那种内心的感受几人能体会、几人能理解。很多人会觉得这是一个不可思议、不近人情、远远脱离现实生活的杜撰。然而，这样的故事在“两弹一星”研制过程中却是真实存在的。

1958年，组织安排邓稼先参加原子弹研制工作，这是需要绝对保密的。邓稼先对妻子说，他要调动工作，去干一件事，干好这件事，这一生就过得很有意义。至于要调到哪里，干什么事，他却一直都没有说。

从“两弹一星”启动开始，我国大批优秀的科技工作者，特别是那些在国际社会已经取得突出成就的科学家，突然之间就从大众的视野中、学术的领域里消失了。他们怀着对新中国的满腔热爱，积极响应党和国家的召唤，义无反顾地投身到“两弹一星”的伟大事业中来。他们扎根大漠深处，隐姓埋名多年，默默奋斗奉献，连最亲的家人都不知道他们去了哪里、在干什么，有的人甚至献出了宝贵的生命。参与“两弹一星”研制工作的广大科技工作者、干部、工人、解放军指战员，在环境极其恶劣、物资极端缺乏、几乎与世隔绝的情况下，自力更生，发奋图强，取得了举世瞩目的辉煌成就。

历史不会忘记他们，人民不会忘记他们。1999年9月18

日，党中央、国务院、中央军委决定，对当年为研制“两弹一星”作出突出贡献的23位科技专家予以表彰，并授予于敏、王大珩、王希季、朱光亚、孙家栋、任新民、吴自良、陈芳允、陈能宽、杨嘉墀、周光召、钱学森、屠守锷、黄纬禄、程开甲、彭桓武“两弹一星功勋奖章”，追授王淦昌、邓稼先、赵九章、姚桐斌、钱骥、钱三强、郭永怀“两弹一星功勋奖章”。所有为“两弹一星”事业作出贡献的科学家、科研人员、工程技术人员，广大干部、工人和解放军指战员，都被载入了中华民族伟大复兴的光辉历史！

愿做革命的螺丝钉——雷锋精神

版画《雷锋像》（创作者：杨涵；1963 年）

雷锋的名字家喻户晓，雷锋的事迹感人肺腑，雷锋的精神代代传承。1962 年 8 月 15 日，伟大的共产主义战士雷锋同志因公殉职。1963 年 3 月 5 日，《人民日报》等媒体发表了毛泽东的亲笔题词“向雷锋同志学习”。艺术家们通过生动的艺术方式传承着雷锋精神。1963 年，著名版画家杨涵创作了雷锋像版画作品。在黑白分明的画面中，雷锋头戴棉军帽，神情坚定地仰望着前方，充满了浩然正气和青春力量。

2023年2月，习近平对深入开展学雷锋活动作出重要指示指出，今年是毛泽东等老一辈革命家为雷锋同志题词60周年。60年来，学雷锋活动在全国持续深入开展，雷锋的名字家喻户晓，雷锋的事迹深入人心，雷锋精神滋养着一代代中华儿女的心灵。实践证明，无论时代如何变迁，雷锋精神永不过时。[①]

“学习雷锋好榜样，忠于革命忠于党，爱憎分明不忘本，立场坚定斗志强……”一曲《学习雷锋好榜样》，唱出了雷锋感人的事迹和精神，唱出了人民群众对雷锋的赞颂和学习。雷锋是一个家喻户晓的名字，雷锋的事迹在祖国大地广为流传。

雷锋，1940年出生在湖南省望城县一个贫苦农民家庭。爷爷、父亲、母亲和哥哥先后悲惨死去，年幼的弟弟活活饿死在家中。雷锋不到7岁就成了孤儿，被好心的六叔公和六叔奶奶收养，艰难地活了下来。雷锋上山砍柴时，曾被地主的老婆用柴刀在左手背上连砍三刀。所以，对黑暗的旧社会，雷锋怎么会不充满刻骨的仇恨呢？

1949年8月，湖南解放，雷锋也获得了新生。在党和人民的培养下，雷锋从一个苦孩子成长为一个共产主义战士。党

①《深刻把握雷锋精神的时代内涵 让雷锋精神在新时代绽放更加璀璨的光芒》，《人民日报》2023年2月24日，第1版。

和人民政府给他分了田地和生活用品，让他免费读书学文化、在乡县当公务员、当工人开拖拉机、入伍参军，入队入团入党、当人大代表和党代表、给他评模范评标兵。所以，对新中国、对中国共产党，雷锋怎么会不充满强烈而坚定的热爱呢？雷锋是满腔热忱、满腔真诚地爱党爱祖国爱人民爱社会主义，是满腔热忱、满腔真诚地“当好螺丝钉”做好本职工作，是满腔热忱、满腔真诚地助人为乐、为人民服务。

雷锋把平时省吃俭用节约下来的钱捐献给灾区人民，他用自己的津贴费帮助丢失火车票的大嫂补票坐车，他在出差途中顺路帮助老大娘背包袱坐火车找儿子，他冒着大雨把素不相识的大嫂和孩子安全送到家，他放弃周末休息时间到建筑工地做义务劳动，他利用闲暇时间担任小学的校外辅导员，他帮助战友缝补裤子……他做的几乎都是这样平凡的“小事”，但都是帮助别人的好事。他始终坚持做这样的好事，一辈子都在努力帮助别人。平凡孕育着伟大，他是一个平凡的人，他也是一个伟大的人。1962 年 8 月 15 日，雷锋因公殉职，年仅 22 岁。

1963 年 3 月 5 日，《人民日报》等媒体发表了毛泽东的亲笔题词“向雷锋同志学习”。此后，每年的3月5日成了学雷锋纪念日，全国广泛开展学习雷锋的活动。雷锋的先进事迹和伟大精神感染和教育着一代又一代的中华儿女，努力向雷锋同志学习，争取做雷锋式的共产主义战士。

“学习雷锋的光荣标兵”朱伯儒，从通讯员一步一步成长为共和国的将军，一生始终坚持学雷锋。他义务赡养2位老人，解救5名遇到危难的群众，资助40多名生活困难的群众和战士家属，他用真心的关爱帮助和感化犯了错误的青年，他被誉为“八十年代新雷锋”。

“雷锋传人”郭明义，几十年如一日学雷锋做好事，处处发挥共产党员的先锋模范作用。从1990年第一次义务献血，年年坚持。从1994年踏上“资助”之路，持之以恒。从2009年发起成立郭明义爱心团队，全国各地已有180多万名志愿者加入其中，在全社会广泛掀起“跟着郭明义学雷锋”的热潮。郭明义用实际行动证明了，在改革开放和市场经济条件下，“雷锋精神”依然具有强大的生命力和感召力。

2012年3月，中共中央办公厅印发《关于深入开展学雷锋活动的意见》指出，要大力弘扬雷锋热爱党、热爱祖国、热爱社会主义的崇高理想和坚定信念，弘扬雷锋服务人民、助人为乐的奉献精神，弘扬雷锋干一行爱一行、专一行精一行的敬业精神，弘扬雷锋锐意进取、自强不息的创新精神，弘扬雷锋艰苦奋斗、勤俭节约的创业精神。新时代的神州大地，雷锋精神处处传扬，雷锋式的人物前赴后继。

把泪焦桐成雨——焦裕禄精神

油画《焦裕禄》（220cm × 400cm；创作者：毛本华、王刚、鲍璐、郝米嘉；2009 年）

焦裕禄（1922 年 8 月 16 日—1964 年 5 月 14 日），山东淄博人，生前系河南省兰考县委书记。他身先士卒，冲锋在前，带领干部群众治理风沙、盐碱和内涝等“三害”，积劳成疾因病去世，是县委书记的榜样。在紧张劳动的画面中，焦裕禄肩扛两棵长长的泡桐树苗，迎着风沙，大步走在前面。他身旁和身后，乡亲们或一棵或两棵或三棵，或肩扛或板车推运。大家紧紧跟着焦书记，神情坚定，奋力前进。从脚下卷起的沙尘和远

处灰蒙蒙的天空，可以看出风沙灾害的严重，更加衬托出了焦裕禄和乡亲们抗击风沙的艰辛和坚定。

2014年3月18日，习近平在河南省兰考县委常委扩大会议上的讲话中指出：焦裕禄同志是人民的好公仆，是县委书记的榜样，也是全党的榜样。亲民爱民、艰苦奋斗、科学求实、迎难而上、无私奉献的焦裕禄精神，过去是、现在是、将来仍然是我们党的宝贵精神财富，永远不会过时。①

习近平对焦裕禄同志的奋斗事迹和奋斗精神给予高度肯定，他多次号召党员干部学习弘扬焦裕禄精神，努力做焦裕禄式的好党员、好干部。早在1990年7月15日，时任福州市委书记的习近平以《念奴娇》的词牌填写了一首《追思焦裕禄》，并于7月16日在《福州晚报》刊登。表达对焦裕禄的崇敬之情，表达为人民服务的坚定情怀。

念奴娇·追思焦裕禄

中夜，读《人民呼唤焦裕禄》一文，是时霁月如银，文思萦系……

魂飞万里，盼归来，此水此山此地。

百姓谁不爱好官？把泪焦桐成雨。

生也沙丘，死也沙丘，父老生死系。

暮雪朝霜，毋改英雄意气！

依然月明如昔，思君夜夜，肝胆长如洗。

①习近平：《论中国共产党历史》，北京：中央文献出版社，2021年，第35—36页。

路漫漫其修远矣，两袖清风来去。

为官一任，造福一方，遂了平生意。

绿我涓滴，会它千顷澄碧。②

焦裕禄，1922 年 8 月出生在山东省博山县一个贫苦农民家庭，1946 年 1 月加入中国共产党。1962 年 12 月，焦裕禄调任河南省兰考县委书记。从到兰考的第二天起，焦裕禄就深入基层开展调查研究。在一年多的时间里，他跑遍了全县 140 多个大队中的 120 多个。在带领全县人民治理风沙、盐碱和内涝等“三害”的斗争中，焦裕禄身先士卒，冲锋在前，“一枝一叶总关情”。风雪之夜，他带领县委一班人来到火车站召开现场会，目睹群众背井离乡，统一干部思想，增强大家团结奋斗改天换地的决心。他以群众为师，虚心向群众学习，积极动员和充分信任人民群众，深入了解灾情及其原因，一起寻找科学的救灾办法。风沙滚滚的时候，他带头下去查风口、探流沙；大雨倾盆的时候，他带头冒雨察水势、战洪流；风雨交加的时候，他率领干部登门为困难群众送吃送穿；盐碱地里，他亲自品尝水土以辨别盐碱的种类和土壤的含碱量；农民的草庵牛棚里，战天斗地的火热劳动现场，经常出现他忙碌的身影；他带病坚持工作，常常用一根棍子顶着肝部以减轻疼痛，以至于他办公室那把藤椅的右边硬生生地被顶出

②《念奴娇·追思焦裕禄》，《福州晚报》1990 年 7 月 16 日，第 1 版。

了一个大窟窿。1964 年 5 月 14 日，焦裕禄积劳成疾因病去世，年仅 42 岁。临终前，他断断续续地对组织提出了唯一的要求：把他运回兰考，埋在沙堆上。他说，活着没有治好沙丘，死了也要看着大家把沙丘治好。

焦裕禄一生艰苦朴素、廉洁奉公，始终保持劳动人民本色，始终心系人民群众冷暖。他办公室的桌子柜子破旧了，修一修，继续使用。他的衣服和被子破旧了，补一补，继续穿盖。他得知大儿子看戏没花钱，立即让孩子把票钱如数送给戏院。又举一反三，专门制定规章制度，要求干部不准搞特殊化。

2015 年 1 月 12 日，习近平在中央党校县委书记研修班学员座谈会上的讲话中指出：焦裕禄同志以自己的实际行动塑造了一个优秀共产党员和优秀县委书记的光辉形象。做县委书记，就要做焦裕禄式的县委书记。③

焦裕禄当年亲手种植的那棵泡桐树，如今是枝繁叶茂、郁郁葱葱，老百姓充满深情地称其为“焦桐”，每年都有很多人来参观这棵“焦桐”。每年花开的季节，那淡淡的芬芳弥漫在空气中，沁润在人们的心灵深处。焦裕禄当年大力倡导种植防治风沙的泡桐树，如今已是兰考的“宝”，是制造民族乐器的好材料，成了兰考人民的“摇钱树”。

③习近平：《习近平谈治国理政》（第二卷），北京：外文出版社，2017 年，第 141 页。

哪里有石油哪里就是我的家——大庆精神（铁人精神）

版画《力量的源泉——王铁人》(39cm × 64cm；创作者：赵宗藻；1972年)

王进喜（1923年10月8日——1970年11月15日），甘肃玉门人，新中国第一批石油钻探工人，全国著名的劳动模范，因奋不顾身的拼命工作精神被群众和同事称赞为“铁人”。在简洁而富有力感的暖色画面中，远处的钻井架高高耸立，鲜艳的红旗在风中猎猎招展。王进喜头戴具有鲜明时代特色的前进帽，身披棉衣，盘腿而坐，双手捧着一本书在认真阅读。他结实的身体稳如磐石，相对远方飘扬的红旗，越发显得他学习的严肃和认真。他大概从书中找到了奋斗的力量，找到了前进的方向，所以他能那么努力地学习，那么拼命地工作。

2019 年 9 月 26 日，习近平在致大庆油田发现 60 周年的贺信中指出：60 年来，几代大庆人艰苦创业、接力奋斗，在亘古荒原上建成我国最大的石油生产基地。大庆油田的卓越贡献已经镌刻在伟大祖国的历史丰碑上，大庆精神、铁人精神已经成为中华民族伟大精神的重要组成部分。[①]

“天不怕地不怕，风雪雷电任随它，我为祖国献石油，哪里有石油，哪里就是我的家……”歌曲《我为祖国献石油》，生动歌唱了新中国的石油工人豪迈乐观的精神风貌和战天斗地的英勇气概。

新中国成立之初，我国石油工业形势极其严峻，原油产量非常有限，严重制约着经济和社会的发展。1959 年 9 月 26 日，“松基三井”油流喷涌而出，大庆油田正式诞生。面对着天寒地冻、没吃没住的艰难环境，面对着祖国和人民的殷切期盼，以铁人王进喜为代表的大庆石油工人，以“宁肯少活 20 年，拼命也要拿下大油田”的豪情壮志，以“有条件要上，没有条件创造条件也要上”的坚定决心，坚决打响了石油大会战，用 3 年多的时间，建设起了我国最大的石油基地，甩掉了中国“贫油”的帽子。

王进喜，1923 年出生于甘肃玉门一个贫苦的农民家庭，

①《大力弘扬大庆精神铁人精神 肩负起当好标杆旗帜建设百年油田的重大责任》，《人民日报》2019 年 9 月 27 日，第 1 版。

是新中国第一批石油钻探工人，全国著名的劳动模范。1960年春，王进喜从玉门油田率领 1205 钻井队，风尘仆仆加入大庆油田建设的行列。没有吊车，王进喜和同事们不等不靠，用人拉肩扛的办法，把几十吨重的钻机从车上卸下来、在荒原上立起来。水管还没有接通，王进喜和同事们不等不靠，用脸盆水桶从附近的水池里破冰取水几十吨，保证钻机及时开动。为了制服突发的井喷，王进喜不顾腿伤，奋不顾身跳进了泥浆池，用身体搅拌水泥。群众和同事被他的事迹深深感动，大家钦佩地称他为“铁人”。1970 年 11 月 15 日，由于长期积劳成疾，王进喜因病去世，年仅 47 岁。王进喜永远离开了他深深热爱的钻井，永远离开了他舍生忘死奋斗的工作岗位。但大庆精神、铁人精神却是代代传承，历久弥新，激励和鼓舞着一代又一代的石油人，努力“为祖国献石油”。

第二代铁人、科技兴油保稳产的大庆“新铁人”王启民，始终坚持用大庆精神、铁人精神指导科学研究，敢于挑战油田开发极限。坚持“宁肯把心血熬干，也要让油田稳产再高产”的信念，攻克一道又一道技术难关，创造一项又一项世界纪录，打破了国内外认为不能开采的禁区，为大庆油田高产高效持续开发作出了重要贡献。

第三代铁人、“大庆新铁人”李新民，坚定“宁肯历尽千难万险，也要为祖国献石油”的使命，带领1205钻井队在全国率先突破钻井进尺200万米，实现了1205钻井队由单一井型向多种井型、速度型向效益型、国内作业向海外作业的大步跨越。为保障国家石油战略安全，他和队友挺进海外，在苏丹先后创造出23项当地钻井纪录，两次获得苏丹颁发给服务方的最高荣誉“钻井杯”。

大庆油田的卓越贡献已经深深镌刻在伟大祖国的历史丰碑上，大庆精神、铁人精神已经成为中华民族伟大精神的重要组成部分。

林县人民多壮志，誓把河山重安排
——红旗渠精神

油画《红旗渠》（300cm×650cm；创作者：王君瑞、梁佳卿；2021 年）

几十万林县干部群众艰苦奋斗、战天斗地、无私奉献，历时近十年，修成了举世闻名的“人工天河”红旗渠，结束了林县十年九旱、水贵如油的苦难历史。在忙碌而充满建设热情的画面中，鲜艳的旗帜迎风招展，修渠的人们热火朝天。有人在砌筑，有人在搬送砖石。有肩扛的，有手搬的，有用双手抬的，有用木杠抬的。蒸汽随风飘，灶火闪闪亮。为了提高修渠的速度和效率，食堂也搬到了工地上。高高耸立的峭壁上，有几个人拴着绳索在飘来荡去，那是著名的工地除险队队长任羊成和他的队友吧。对面山崖上“为革命劈山修渠”的标语，是那么的鼓舞人心，是那么的充满力量。放眼远望，那连绵起伏的明显荒凉的山峦更显得红旗渠修建的不易和迫切。

2022 年 10 月 28 日上午，党的二十大闭幕不到一周，习近平总书记来到红旗渠考察，发表讲话指出：红旗渠就是纪念碑，记载了林县人不认命、不服输、敢于战天斗地的英雄气概。要用红旗渠精神教育人民特别是广大青少年，社会主义是拼出来、干出来、拿命换来的，不仅过去如此，新时代也是如此。①

“劈开太行山，漳河穿山来，林县人民多壮志，誓把河山重安排，心中升起红太阳，千军万马战太行……”旋律铿锵豪迈的《定叫山河换新装》，歌唱的就是河南林县红旗渠的故事。

林县（今林州市），地处河南和山西交界处。新中国成立之前的几百年间，经常干旱缺水，多次出现粮绝收、人相食的惨景。林县解放后，人民政府组织修建了许多水利工程，在一定程度上缓解了用水困难的问题。1959 年，林县又遇到了前所未有的干旱。河水断流，水库见底，人民群众的生产生活面临着严峻的威胁。林县干部群众以“敢教日月换新天”的豪情壮志，决定“引漳入林”，修建红旗渠，“重新安排林县河山”。

从 1960 年 2 月动工，至 1969 年 7 月支渠配套工程全面完成，历时近十年，全县 50 多万人口先后有 30 多万人参与

①《全面推进乡村振兴 为实现农业农村现代化而不懈奋斗》，《人民日报》2022 年 10 月 29 日，第 1 版。

修建。浩浩荡荡的修渠大军“天连五岭银锄落，地动三河铁臂摇”，削平了 1250 座山头，架设了 152 座渡槽，开凿了 211 个隧洞，建成了全长 1500 公里的“人工天河”，结束了林县十年九旱、水贵如油的苦难历史。红旗渠被林县人民称为“生命渠”“幸福渠”。

红旗渠是林县干部群众艰苦奋斗、战天斗地、无私奉献的伟大成果。青年洞是总干渠最长的隧洞，是红旗渠的咽喉工程，从悬崖峭壁中穿过。坚硬的石英砂岩，一锤用力砸下去，只留下一个白色的斑点。“雄关漫道真如铁”，当年的青年突击队员们饿着肚子，以愚公移山的干劲，仅仅用了一年多的时间就凿通了那 600 多米长的隧洞。为表彰和铭记他们的奋斗业绩，特命名为“青年洞”。

“除险英雄任羊成，阎王殿里报了名。”这句当年在修渠工地上广为流传的顺口溜，讲述的是工地除险队队长任羊成的故事。哪里有险情，哪里就有他。腰系一根粗绳，凌空在悬崖峭壁间，不停地荡来荡去。打炮眼，除险石，常常是命悬一线。有一次悬空作业时，一块石头突然从天而降，砸倒了几颗门牙，张不开嘴，说不出话。任羊成忍住疼痛，匆匆处理下牙齿，吐一口血水，继续除险作业。等到收工时，嘴巴已经肿得合不起来，连喝水都很困难。但是他拒绝停工休息，继续悬空作业，被群众誉为“飞虎神鹰”。

吴祖太，河南省原阳县人，红旗渠工程设计师，为红旗渠修建立下了汗马功劳。1959年5月，在忙得不可开交的时候，传来了新婚妻子为救学生而英勇牺牲的噩耗。吴祖太强忍住巨大的悲痛，处理好妻子的后事，继续风餐露宿，奔忙在勘测一线。1960年3月28日，为了群众施工安全，吴祖太冒着生命危险深入隧洞查看洞顶裂缝掉土险情。洞顶突然坍塌，吴祖太壮烈牺牲，年仅27岁。在红旗渠修建过程中，先后有81位干部群众献出了宝贵的生命。

1960年5月13日，年仅38岁的张运仁牺牲在施工现场，妻子赵翠英悲痛欲绝。第二年，赵翠英就把13岁的儿子张买江送往工地，对他说：你爹没把渠修到底，你就去替他完成吧。张买江成了红旗渠最年轻的建设者之一。他人小志坚，踏实肯干，一干就是9年，干成了红旗渠建设特等模范。

不屈不挠的林县人民用勤劳的双手修建成了红旗渠，用辛勤的汗水浇灌出“自力更生、艰苦创业、团结协作、无私奉献”的红旗渠精神。红旗渠是“新中国奇迹”，永远闪耀着动人的光芒。红旗渠精神是我们党和国家宝贵的精神财富，历久弥新，永远光芒璀璨。

北大荒我的北大荒，我把一切都献给了你

——北大荒精神

油画《远方来信》（144cm×228cm；创作者：汪诚一；1957 年）

在宏伟壮阔的北大荒开发建设过程中，一批又一批的建设者，秉持着对党和祖国的无限忠诚，前赴后继，开拓创造，用自己的青春、热血甚至生命，创造了一个又一个伟大奇迹，书写了一首又一首壮丽诗篇。在温暖而又微有荒凉的画面中，几匹马或立或卧，简陋的棚屋无声地诉说着生产和生活条件的艰苦。年轻的建设者们，全神贯注地读着远方的来信，那是爸爸妈妈的念叨，那是兄弟姐妹的问候，抑或是恋人的牵挂。棚屋门口，一位女队员倚着门，

沉浸在读信中，一位男队员从背后探望着她手中的信，他们应该是一家人吧。画面左侧的几个人围拢着那位低头读信的队员，一位白衣服的女孩轻轻倚靠在长辫子女孩的左肩上。大家的神情似乎有点微妙，连看画的观众都很想知道那信上到底写了什么。画面最前面那位读信的女队员，独自站立，面带红晕。那红晕似乎是阳光照耀的结果，也似乎是有什么不想公开的激动和秘密。

2016 年 5 月 25 日，习近平在黑龙江考察工作时发表讲话指出：加强干部作风建设，黑龙江有不少有利条件，东北抗联精神、北大荒精神、大庆精神、铁人精神激励了几代人。今天，我们仍然要用这些精神来教育广大党员、干部，引导他们发扬优良传统，在全社会带头弘扬新风正气。①

中国人民银行 1962 年发行的第三套人民币，其中一元纸币的正面图案是一位“女拖拉机手”。看着这个英姿勃发的女拖拉机手，熟悉那段历史的人们就会不由自主地想起新中国第一位女拖拉机手梁军，想起千军万马开垦北大荒的故事。1948 年，18 岁的梁军作为唯一一名女学员参加了北安拖拉机手培训班，结业后投身北大荒开发建设。吃的是粗粮野菜，喝的是荒野沟水，住的是自己动手搭建的草窝棚。在辽阔原野里作业时，成群的蚊子狠叮猛咬，轰走一群又来更大一群，有时还会遇到眼神恶狠狠的出来觅食的野狼。梁军以苦为乐，以苦为荣，努力工作。她开垦的土地深浅均匀、又好又多，赢得了大家的敬佩和赞誉。“中华儿女多奇志”，在梁军事迹的感召下，许多女孩子要学开拖拉机，她们从祖国的四面八方纷纷来到了北大荒。1950 年 6 月，以梁军名字命名的新中国第一支女子拖拉机队在北大荒成立。女拖拉机手们豪迈地驰骋在北大荒一望无际的原野上，成了一道美丽的风景，

①习近平：《论中国共产党历史》，北京：中央文献出版社，2021 年，第 36 页。

成了人民币上的经典画面。

在很多人的心目中，北大荒是一个似曾相识的词语。仔细想想，又突然发现那好像是一个遥远而神秘的地方。北大荒，最初是指东北原始大荒原。后来，主要是指人们不断开发建设的黑龙江省松嫩平原、牡丹江平原和三江平原一带的荒原。如今，北大荒已成了黑龙江垦区的特称。

党和国家开发建设北大荒的历史由来已久。早在 1945 年，抗日战争胜利后，党中央高瞻远瞩，及时作出了战略北进的重要部署。为了解决大部队的生活问题，同时为了减轻东北人民群众的经济负担，党中央决定借鉴大生产运动的成功经验，开荒种地，生产自给。一望无际的北大荒和党的事业就此紧密地联系起来了。1947 年，随着解放战争的隆隆炮声，一批转业复员官兵开进了北大荒。北大荒开发建设的大幕拉开了，北大荒渐渐地热闹起来了。

20 世纪 50 年代中后期，当年开垦南泥湾名扬天下的“有创造精神”的王震将军，率领转业复员大军挺进北大荒，掀起了北大荒开发建设的第一次高潮。随后，又有成千上万的大专院校毕业生、内地支边青年、城市知识青年陆续投身到北大荒宏伟壮阔的开发建设事业中。“军民团结如一人，试看天下谁能敌。”一批又一批的北大荒建设者，秉持着对党和祖国的无限忠诚，以“不到长城非好汉”的豪情壮志，前赴后继，开拓创造，用自己的青春、热血甚至生命，在北大荒这块“千里冰封，万里雪飘”的辽阔土地上，创造了一个又一个伟大奇迹，书写了一首又一首壮丽诗篇。一批又一批的北大荒建设者，“此心安处是吾乡”，用勤劳的双手和晶莹的汗水，把曾经荒无人烟的北大荒，建成了我国耕地面积最大、机械化程度最高的现代化国有农场群，建成了国家重点商品粮基地和粮食战略后备基地，建成了举世闻名的“中华大粮仓”。一批又一批的北大荒建设者，用赤诚的信念和火热的干劲，铸造成了“艰苦奋斗、勇于开拓、顾全大局、无私奉献”的北大荒精神。

我把爱情给了你，你就是我长相思的家

——塞罕坝精神

油画《让生命绽放绿色——苏和》（300cm × 800cm；创作者：袁元；2017 年）

主动从内蒙古自治区阿拉善盟政协主席任上提前退休的苏和，从 2004 年到 2021 年，不顾年老体弱，克服许多难以想象的困难，十几年如一日植树治沙，和老伴亲手种植了 3000 多亩梭梭林，在荒漠中建成了一片绿洲，被誉为“大漠胡杨”“沙漠愚公”，荣获“时代楷模”荣誉称号。在辽阔的画面中，蓝蓝的天上白云飘飘，远处的天和地似乎连在了一起。头发花白的苏和，身穿深蓝色的工作服，手拄铁锹，迎风站立在沙丘上，显得是那么的高大。他的妻子头戴红帽子、手戴白手套、身穿醒目的浅蓝色工作服，肩扛铁锹，正从他身后向他走来。周围绿树丛丛，红叶簇簇，那是他们辛勤劳动的绚丽成果，那是他们用汗水浇灌出来的沙漠中最美的颜色。

2017年8月14日，习近平对河北塞罕坝林场建设者事迹作出重要批示：55年来，河北塞罕坝林场的建设者们听从党的召唤，在“黄沙遮天日，飞鸟无栖树”的荒漠沙地上艰苦奋斗、甘于奉献，创造了荒原变林海的人间奇迹，用实际行动诠释了绿水青山就是金山银山的理念，铸就了牢记使命、艰苦创业、绿色发展的塞罕坝精神。他们的事迹感人至深，是推进生态文明建设的一个生动范例。①

“心把冰天焐热，梦把雪地融化，憨厚的山也钟情，含羞的水会说话，美丽的家园塞罕坝，幸福的乐园塞罕坝，我把爱情给了你，你就是我长相思的家……”一曲充满深情和诗意的《塞罕坝》，歌唱了一代又一代的塞罕坝人治理荒漠的坚忍不拔和豪情壮志。

塞罕坝，本意是“美丽的高岭”，是一个很动听的名字。塞罕坝，曾经是一个水草丰美、林木繁盛、鸟兽云集的地方。到新中国成立之前，由于不断的山火和过度的放牧，特别是日本侵略者的疯狂采伐和野蛮掠夺，曾经的“千里松林”早已不复存在，塞罕坝退化成了高原荒丘。大风吹起，“平沙莽莽黄入天”。新中国成立后，为改变当地的自然面貌，减少京津地带的风沙危害，国家开始在塞罕坝建立国营林场，开展植树造林工作。1962年，成立了塞罕坝机械林场，开展

①习近平：《习近平谈治国理政》（第二卷），北京：外文出版社，2017年，第397页。

规模化治理工作。从那时起，一代又一代的塞罕坝林场建设者，听从党的召唤，响应国家号召，在荒漠沙地上艰苦奋斗。没有食堂，就地支锅，露天吃饭；没有水井，就地取材，融雪饮水；没有住房，就地搭草窝棚、挖地窨子，随遇而安。不怕苦，不怕累，“千磨万击还坚劲，任尔东西南北风”，大力推进荒山造林，努力实现心中的那个绿色梦想。

王尚海纪念林，总让人想起塞罕坝机械林场第一任党委书记王尚海。1962 年，40 岁的王尚海毫不犹豫地接下了组织交付的千斤重担，带领 369 名平均年龄不到 24 岁的建设者，在荒凉的塞罕坝白手起家。在一次次挫折失败、在人们信心动摇的关键时刻，王尚海和林场其他领导一起破釜沉舟，把家从北京、承德等城市搬到了塞罕坝，稳定了人心。王尚海在塞罕坝一干就是 13 年。1989 年，王尚海病逝。根据遗愿，他的骨灰被撒在了马蹄坑那片郁郁葱葱的松树林，他生前在这里安家落户，他要永远守护这里。

马蹄坑大会战，永远都让人热血沸腾。1964 年春，100 多名建设者齐聚马蹄坑，展开轰轰烈烈的大会战。连续多天，大家吃住在山上，饿了就着雪水啃冰冷的窝窝头。领导干部身先士卒，吃苦在前。火热的种树现场，分不出哪个是领导干部、哪个是普通工人，每一个人都是灰头土脸。经历了艰辛的付出和揪心的等待，终于看到了一片喜人的嫩绿。一刹那，建设者们激动得一起嚎啕大哭。马蹄坑大会战终于打赢了，造林 516 亩，成活率达到 96%。开创了国内机械种植针叶林的先河，极大地鼓舞了塞罕坝全体建设者的信心和干劲。

一代又一代的塞罕坝建设者前赴后继，艰苦奋斗，造林面积达到 110 多万亩，造成了世界上面积最大的人工林海，将当地的森林覆盖率从 11.4% 提高到了 80% 以上，创造了闻名于世的绿化奇迹。2017 年 12 月，塞罕坝林场建设者荣获联合国环保最高荣誉“地球卫士奖”。2021 年 2 月，塞罕坝机械林场荣获“全国脱贫攻坚楷模”。

如今的塞罕坝，已是守卫京津冀的重要生态屏障。如今的塞罕坝，处处绿水青山，是名副其实的“水的源头、云的故乡、花的世界、林的海洋”。如今的塞罕坝，就是“美丽的高岭”。

下决心，坚如钢，要把那公路修到西藏
——“两路”精神

油画《开拓幸福路》（163cm × 300cm；创作者：徐芒耀；1980 年）

1950 年，中国人民解放军挺进西藏，与工程技术人员及沿途各族人民群众组成浩浩荡荡的修路大军，克服天寒地冻、严重缺氧、悬崖峭壁、物资匮乏等艰苦条件，历时 4 年，修建成川藏公路和青藏公路，结束了西藏千百年来只有人背畜驮运输方式的历史，演绎了一个个催人泪下的动人故事。在苍

茫的画面中，天上日照当头，远处尘土飞扬，手中的铁镐铁锹，肩上的扁担背上的背篓，处处体现着修路工具的简陋和劳动条件的艰苦。然而，每个人的脸上却都洋溢着笑容，每双眼睛里都是充满希望的亮光。那是因为，这是为人民群众修建的“幸福路”，这是人民群众在开拓自己美好生活的“幸福路”。

2014 年 8 月，习近平就川藏、青藏公路建成通车 60 周年作出重要批示指出：当年，10 多万军民在极其艰苦的条件下团结奋斗，创造了世界公路史上的奇迹，结束了西藏没有公路的历史。60 年来，在建设和养护公路的过程中，形成和发扬了一不怕苦、二不怕死，顽强拼搏、甘当路石，军民一家、民族团结的“两路”精神。[①]

“二呀么二郎山，哪怕你高万丈，解放军，铁打的汉，下决心，坚如钢，要把那公路修到西藏！不怕那风来吹，不怕那雪花飘，起早晚睡忍饥饿，个个情绪高……”一首慷慨豪迈的《歌唱二郎山》，表现的是中国人民解放军艰苦奋斗修建川藏公路的事迹，歌颂了建设部队战天斗地、顽强乐观的精神风貌。

1950 年，按照毛泽东“一面进军，一面修路”的指示，中国人民解放军挺进西藏，与工程技术人员及沿途各族人民群众组成浩浩荡荡的修路大军，历时 4 年，修建成总长 4360 公里的川藏公路和青藏公路。1954 年 12 月 25 日，两条公路同时通车。从此，西藏结束了千百年来只有人背畜驮运输方式的历史，开启了现代化交通运输的新篇章。

气壮山河的修路大军以“让高山低头，叫河水让路”的

①《习近平就川藏青藏公路建成通车 60 周年作出重要批示》，《人民日报》2014 年 8 月 7 日，第 1 版。

英雄气概，克服天寒地冻、悬崖峭壁、物资匮乏、严重缺氧的艰苦条件，靠着一双双冻裂的手和一把把钢钎、铁锹等简陋的工具，修建成了绵延千里的“幸福的金桥”“吉祥的彩虹”，演绎了一个个催人泪下的动人故事。

在川藏公路海拔最高的雀儿山，屹立着张福林烈士的雕像。张福林，河南省扶沟县人。在雀儿山地段施工时，他不顾严寒、缺氧和严重贫血，虚心学习，苦心琢磨，不分昼夜刻苦钻研爆破技能，节约了大量炸药，加快了工程进度。1951 年 12 月 10 日中午，顾不上吃饭还在检查炸药安装的张福林，被突然坠落的巨石砸中，身负重伤，英勇牺牲，年仅 25 岁。在两条公路修筑过程中，先后有 3000 多名英烈献出了宝贵的生命。

被称为“青藏公路之父”的慕生忠将军，在一把铁镐上烙上“慕生忠之墓”五个字。他说，如果我死在这条路上，这就是我的墓碑。路修到哪里，就把我埋在哪里。有一次，为了抢修一段路面，慕生忠带头第一个跳进冰冷刺骨的河水中，搬石头砌路，一站就是大半天。路抢修通了，他的双脚却肿得穿不进鞋子。

“是谁帮咱们修公路？是谁帮咱们架桥梁？是亲人解放

军，是救星共产党。军民本是一家人，帮咱亲人洗呀洗衣裳……”旋律优美动人的《洗衣歌》，歌唱的是军民大团结，歌唱的是民族大团结。当年，进藏部队按照党中央“进军西藏，不吃地方”的要求，不向老百姓购买粮食以保障当地群众的口粮需求，充分尊重少数民族同胞的历史、文化和宗教信仰，积极帮助当地群众解决实际困难。人民群众和人民军队心连心，沿路省区的人民群众积极参与工程建设，藏族同胞们还组织了庞大的牦牛运输队，翻山越岭，运送各种物资。

“天下第一道班”是青藏公路 109 道班的光荣称号，他们工作的地方在青藏公路最高点，海拔 5231 米的唐古拉山口。这里年平均气温零下 8 度，最低气温零下 40 度。空气中的含氧量不到海平面的一半，一年中有三分之一的时间会刮起 8 级以上的大风。自 1954 年成立以来，一代又一代的 109 道班工人，斗严寒，战风雪，顽强拼搏，甘当路石，保证了青藏公路唐古拉山口段的年年畅通。他们每年都还救助不少遇到困难的群众、司机和旅客，冰天雪地里及时伸出有力的双手，给困境中的人们送去温暖和希望。

共产党来了苦变甜——老西藏精神（孔繁森精神）

雕塑《孔繁森》（204cm×87cm×69cm；创作者：吴为山；2008 年）

一代又一代优秀的中华儿女，响应党和国家的号召，积极投身西藏的建设和发展，主动请缨到祖国和人民最需要的地方去。党和人民的好干部孔繁森，两次进藏工作，始终勤政为民，积极促进当地经济社会发展和民族团结，用生命续写着老西藏精神。在棱角分明的雕塑中，孔繁森头戴毡帽，面带祥和而坚定的微笑，坚实站立。他肩上还挎着一个简易的医疗箱，那是他随时随地帮助群众解决燃眉之急的“百宝箱”，生动体现着他始终把人民群众的冷暖放在心上。

2021年7月21日至23日，习近平作为中共中央总书记、国家主席、中央军委主席到西藏庆祝西藏和平解放70周年并进行考察调研，这是党和国家历史上的第一次。7月23日，习近平在拉萨接见驻西藏部队官兵代表时强调：要贯彻新时代党的强军思想，贯彻新时代军事战略方针，大力发扬“老西藏精神”，全面加强练兵备战工作，为推进西藏长治久安和繁荣发展积极贡献力量。①

从20世纪50年代起，在中国共产党的领导下，几代驻藏部队官兵、援藏干部等同西藏各族干部群众一起，在和平解放西藏、奋力建设西藏的伟大历程中，孕育传承了“特别能吃苦、特别能战斗、特别能忍耐、特别能团结、特别能奉献”的“老西藏精神”。

“老百姓在传颂你啊孔繁森，你有一颗善良的爱民心，微笑融冰雪啊送炭进柴门，情同亲骨肉爱比海洋深，都说是后羿射日救苍生，怎比你赶走贫困、造福大众的共产党人……”一曲充满依依深情的《公仆赞》，赞扬的是一尘不染两袖清风的好干部孔繁森。

孔繁森，从1979年开始，两次进藏工作。1992年底第二次援藏工作结束后，被任命为阿里地委书记。面对又一次

①《全面贯彻新时代党的治藏方略 谱写雪域高原长治久安和高质量发展新篇章》，《人民日报》2021年7月24日，第1版。

重大选择，他毫不犹豫地服从了党的决定和人民的需要。他勤政为民，积极促进当地经济社会发展和民族团结。为了摸清情况，带领群众探索脱贫致富的路子，他跑遍了全地区 106 个乡中的 98 个。他把群众冷暖放在心上，下乡期间经常随身携带一个简易的医疗箱，随时帮助群众解决一些看病吃药上的燃眉之急。地震发生后，他收养了灾区 3 名藏族孤儿，把他们当作自己的孩子细心呵护，一度通过献血换钱给孩子们增加营养。他与藏族群众结下了深厚友谊，被称为“90 年代的焦裕禄”。1994 年 11 月 29 日，孔繁森在外出工作返回阿里途中，不幸发生车祸，以身殉职，时年 50 岁。

一代又一代优秀的中华儿女响应党和国家的号召，积极投身西藏的建设和发展，主动请缨到祖国和人民最需要的地方去。据 2021 年 5 月 21 日发表的《西藏和平解放与繁荣发展》白皮书显示，1994 年至 2020 年，有 9682 名优秀干部支援西藏建设发展。“雪域高原好军医”李素芝，几十年如一日，用高尚的医德和精湛的医术，全心全意为官兵和各族群众服务。“全国优秀组工干部”祁爱群，大学毕业后主动到那曲工作。十几年后，在身患多种高原疾病和高血压的情况下，到条件更为艰苦的班戈县工作。2003 年 12 月，祁爱群因过度疲劳引发脑溢血，以身殉职，年仅 40 岁。

“家是玉麦，国是中国，放牧守边是职责”，讲述的是卓嘎、央宗姐妹的故事。玉麦乡是西藏山南市隆子县下辖乡，地处雪域边陲，每年有半年多的时间处于与世隔绝的大雪封山期。20 世纪 60 年代以来，卓嘎、央宗姐妹在父亲桑杰曲巴的影响和带领下，几十年如一日坚守在海拔 3000 多米的玉麦乡，以抵边放牧和巡逻的方式守卫着祖国的神圣国土，看好守好祖国疆域上的一草一木，诠释和丰富了“老西藏精神”的深刻内涵。

西迁是一首壮歌，心中装着家国

——西迁精神

中国画《西去列车》（165cm × 120cm；创作者：陈光健；1984 年）

交通大学西迁，是国家开发大西北的切实行动，体现了区域统筹发展的科学战略。在清丽喜悦的画面中，在西去列车的卧铺包厢里，上铺的年轻女孩手边放着一本书，她手拿收音机，面带微笑，沉浸在收听中。中铺的爸爸手拿儿童图书，和女儿一起阅读，从他们的表情中可以看出，爸爸应该是在给女儿讲述书中动人的故事。下铺的一家三口，手拿水果的儿子开心地躺靠在妈妈的腿上，笑容满面的妈妈边削水果边看着爸爸手中的地图，那是一张西北的地形交通图，爸爸在认真查看着，他是在查找即将工作和生活的地方吧。爸爸旁边的小桌上放着两个水壶、一个茶杯、一份报纸和一个削好的放在手绢上的水果。这个削好的水果体现了爸爸查看地图的投入和妈妈对爸爸的关心。卧铺包厢中的人们，西去列车上的人们，成千上万的人们，积极响应国家号召，毅然离开亲人和家乡，甚至举家西迁，积极投身到大西北的开发中，积极投身到伟大祖国的建设和发展中。

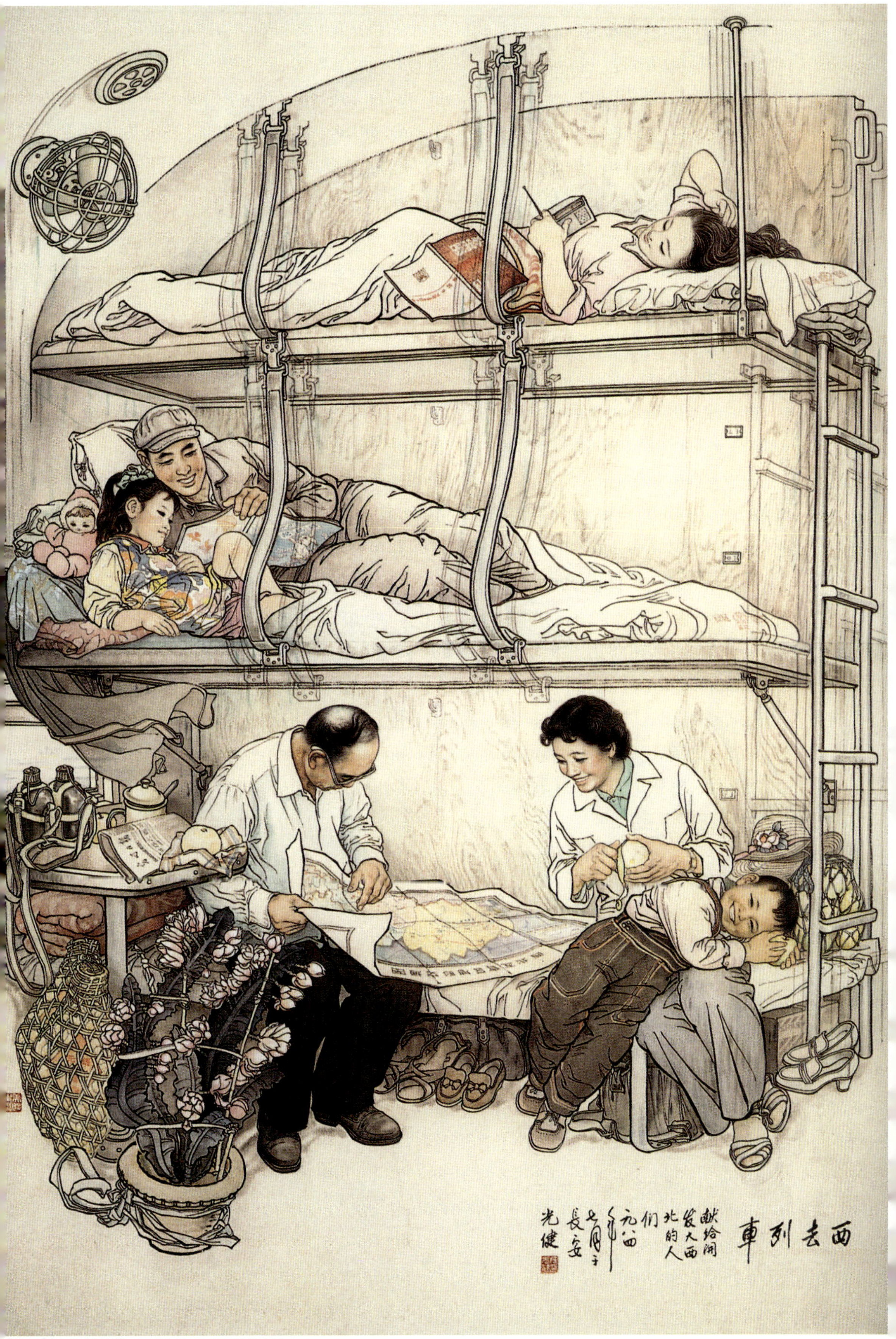
西去列車
献给開发大西北的人们
七月于長安
光健

2020 年 4 月，习近平在陕西考察时指出：“西迁精神”的核心是爱国主义，精髓是听党指挥跟党走，与党和国家、与民族和人民同呼吸、共命运，具有深刻现实意义和历史意义。[①]

为了改变旧中国遗留下来的高等教育分布不合理的状况，支持西部地区经济和社会发展，更好地开展社会主义建设和国防建设，1955 年，党中央决定将交通大学从上海内迁到西安。当时的西安和上海发展水平的差距还是很大的，特别是学校所在地，没有平整的马路，没有明亮的电灯，甚至连遮挡阳光的大树都没有。具有深厚家国情怀和使命精神的交大师生，不怕条件艰苦，不怕路途遥遥，舍小家顾大家，“党让我们去哪里，我们背上行囊就去哪里！”积极踊跃，从黄浦江畔搬到渭水之滨。至 1956 年 9 月，包括 815 名教职工、3900 多名学生在内的 6000 多名交大人汇聚西安。一代代交大师生筚路蓝缕，艰苦创业，用辛勤的汗水在麦田上建成了一所国内外知名的高等学府；一代代交大师生前赴后继，代代传承，用脚踏实地的奋斗铸成了“胸怀大局、无私奉献、弘扬传统、艰苦创业”的“西迁精神”。

在西迁过程中，学校领导充分发挥示范带头作用。学校 17 位党委委员中有 16 人迁到了西安。时任校长兼党委书记彭

①《扎实做好“六稳”工作落实“六保”任务 奋力谱写陕西新时代追赶超越新篇章》，《人民日报》2020 年 4 月 24 日，第 1 版。

康，既大力组织宣传，又充分发扬民主，调动各方面积极性。时任副校长陈石英不顾已过花甲多年，出任迁校委员会主任，为西迁奔波忙碌。

教职工争先恐后加入西迁的行列。积极西迁的有著名的学科带头人、教授，也有讲师、助教，还有管理人员、技术人员、后勤服务人员和工人。西迁的教授、副教授、讲师和助教占教师总数 70% 以上。

钟兆琳，我国电机制造工业的奠基人和拓荒者，有“中国电机之父”之称，是钱学森的老师，是开拓大西北的积极倡导者、实践者和建设者。交大西迁时，钟兆琳已经 50 多岁了，妻子卧病在床需要照顾。周恩来总理提出，钟先生就不必去西安了。钟兆琳婉拒了周总理的关心，他将妻子安顿在女儿家，只身一人来到西安，过上了每天吃食堂、住宿舍的生活。他不顾自己身患多种慢性疾病，为教学倾尽全力。作为系主任，他事必躬亲，迎难而上，建立了全国高校中第一个电机制造实验室。

陈大燮，时任学校教务长，迁校带头人之一。当时身患糖尿病，面对西北缺医少药的困难，他毅然处理掉上海的房产，和妻子一起来到西安。他去世后，家人遵照他的遗愿，把他留下的积蓄全部捐赠给学校，设立了奖学金。

沈尚贤，我国自动控制与电子工程领域的奠基者，西部大开发的先行者。他不仅自己带头报名西迁，还动员妹妹一家到大西北创业。在他的感召下，妹夫也放弃了在上海的工作，加入了交大西迁的行列。

著名物理教育家殷大钧教授，身患胃病，家有耄耋之年的老母亲需要照顾。仍然克服困难，带领全家迁到西安。

西迁教职工中最年长的是时年 66 岁的专职校医沈云扉，他积极投入学校医务所的建设，一干就是 8 年。他的词作“长安好，建设待支援。十万健儿湖海气，吴侬软语满街喧，何必忆江南”，道出了西迁人挥洒汗水的豪情壮志和赤诚心声。

西迁队伍中最年轻的教授陈学俊，和妻子一起将位于上海黄金地段的房产无偿交给上海市房管部门，带着 4 个年幼的孩子来到西安，投身大西北建设。

2019 年 9 月，西安交通大学“西迁人”爱国奋斗先进群体荣获“最美奋斗者”称号。

一不怕苦，二不怕死——

王杰精神

中国

油画《清澈的爱 只为中国》（239cm × 239cm；创作者：李卓；2024 年）

在清澈美丽的画面中，洁白的大地、雪山和蓝天遥相辉映。两名半蹲着的解放军战士拉起的五星红旗光彩夺目，充满力量。那后面的国界碑上，鲜艳的国徽和鲜红的“中国”二字，熠熠生辉。画面左侧，一名战士左手握着军刀，高举右拳，庄重领誓。他前面的战士们，齐举右拳，神情肃穆，高声宣誓。那气壮山河的声势引得相伴的战马也昂首奋蹄，放声嘶鸣。

“清澈的爱 只为中国”，是一幅精湛的油画，令人赞叹；“清澈的爱 只为中国”，是戍边英雄陈祥榕烈士的战斗口号，感动了成千上万的人们。2020 年 6 月，在中国西部边陲喀喇昆仑高原加勒万河谷边境冲突中，年轻的战士陈祥榕毫不畏惧，奋勇反击，奋不顾身营救战友，直至壮烈牺牲。陈祥榕的英雄事迹和他的战斗口号，激励着广大解放军战士一不怕苦、二不怕死，奋力守护祖国安全，激励着千千万万的中华儿女为了民族复兴努力奋斗。

2017年12月13日，习近平在视察第七十一集团军时发表讲话指出：王杰“在荣誉上不伸手，在待遇上不伸手，在物质上不伸手”，这“三不伸手”是一面镜子，共产党员都要好好照照这面镜子。一不怕苦、二不怕死是血性胆魄的生动写照，要成为革命军人的座右铭。王杰精神过去是、现在是、将来永远是我们的宝贵精神财富，要学习践行王杰精神，让王杰精神绽放新的时代光芒。[①]

王杰，山东省金乡县人，1961年放弃读高中的机会应征入伍，生前系中国人民解放军73081部队工兵营1连5班班长。王杰入伍后，认真学习马列主义和毛泽东思想，自觉接受党组织的教育和培养，处处以雷锋等英雄模范人物为榜样，牢记全心全意为人民服务的根本宗旨，“以服从祖国的需要为最快乐”，坚持从一点一滴做起，努力工作，奋发向上，为了党和人民的事业有一分热发一分光，逐步成长为一名伟大的共产主义战士，两次荣立三等功，被评为“模范共青团员”

①习近平：《论中国共产党历史》，北京：中央文献出版社，2021年，第38页。

和一级技术能手。1965 年 5 月，他在日记中写到：“我们要一不怕苦，二不怕死。做一个大无畏的人。”1965 年 7 月 14 日上午，王杰在江苏省邳县张楼公社组织民兵进行实爆训练时，炸药包发生意外，即将爆炸。在这千钧一发的生死瞬间，在没有任何有效补救措施可以采取的紧急关头，在立即后退后倒就有希望生存的抉择时刻，为了保护在场的 12 名民兵和人民武装干部，王杰临危不惧，毅然扑向炸药包，英勇牺牲，献出了年仅 23 岁的宝贵生命。

毛泽东等老一辈无产阶级革命家号召全国军民学习和发扬王杰“一不怕苦，二不怕死”的革命精神。1965 年 11 月，解放军总政治部、全国总工会、共青团中央、全国妇联等分别发出通知，要求广泛开展学习王杰活动。1965 年 11 月，王杰生前所在班被国防部命名为“王杰班”。1968 年，王杰出生的村庄改名为“王杰村”。2015 年，王杰生前所在连队被授予“弘扬‘两不怕’精神模范连”。还有王杰派出所、王杰广场、王杰中学、王杰小学……王杰的名字铭刻在了人民心中，王杰的英雄事迹广为传颂，王杰的伟大精神代代传承。

全军挂像英模苏宁，时刻把祖国安危挂在心上，与战友情同手足。1991 年 4 月 21 日，在实弹训练时，一枚冒着白烟的手榴弹意外撞落到了监护员脚下。千钧一发之际，在场指挥的苏宁，不顾个人安危，一把推开监护员，抓起手榴弹想扔出堑壕。手榴弹瞬间爆炸，两名战友得救了。苏宁身负重伤，4 月 29 日光荣牺牲，年仅 38 岁。

“人民英雄”申亮亮，2016 年 5 月 31 日在马里执行联合国维和任务时，一辆不明身份汽车高速冲向营门。生死存亡之际，申亮亮将个人生死置之度外，坚守哨位阻止汽车炸弹冲入营区，在车辆爆炸瞬间又将战友推离岗楼，自己壮烈牺牲，年仅 29 岁。

“排雷英雄战士”杜富国，2018 年 10 月 11 日在边境扫雷行动中，面对复杂雷场中的不明爆炸物，对战友喊出了“你退后，让我来”。在进一步探查情况时突遇爆炸，英勇负伤，失去了双手和双眼，以血肉之躯掩护了同组战友。

新时代的卫国戍边英雄，为捍卫祖国的领土主权生死与共血战到底，“但使龙城飞将在，不教胡马度阴山”。2020年6月，面对外军公然越线挑衅，团长祁发宝身先士卒前出交涉，受到突然攻击身负重伤；营长陈红军、战士陈祥榕突入重围营救，奋力反击，英勇牺牲；战士肖思远，突围后又义无反顾返回战场营救战友，战斗至生命最后一刻；战士王焯冉，在支援途中，拼力救助被冲散的战友脱险，自己却被淹没在冰河之中。

“王杰的枪我们扛，王杰的歌我们唱，一不怕苦二不怕死，一心为革命，永远跟着党……”《王杰的枪我们扛》这首嘹亮的英雄赞歌已经传唱了很多年，必将继续传唱、永远传唱。

第三章

改革开放和社会主义现代化建设新时期的伟大精神

中国画《春天》（200cm×170cm；创作者：刘文西；1999 年）

1992 年春天，改革开放的总设计师邓小平先后到武昌、深圳、珠海、上海等地视察，并发表了一系列重要谈话，深刻回答了长期束缚人们思想的许多重大认识问题，推动改革开放和现代化建设向着新阶段前进。在素雅的美丽画面中，邓小平面容祥和，目视前方，手臂有力挥动，步履坚实向前。他既是在敏锐观看，更是在深深思考。远处，高楼大厦林立，塔吊引人注目；近处，古老的榕树枝繁叶茂；路边，串串黄花灿烂耀眼。处处是蓬勃生机，处处洋溢着春的气息。这是大自然的春天，这是改革开放的春天；这是深圳的春天，这是伟大祖国的春天。

春天
刘文西

“山重水复疑无路，柳暗花明又一村。”1978 年 12 月，党的十一届三中全会召开，重新确立了实事求是的思想路线，实现了新中国成立以来党的历史上具有深远意义的伟大转折。从那时起，我们党带领全国各族人民群众坚定不移推进改革开放，“直挂云帆济沧海”，逐步确立了社会主义初级阶段的基本路线，战胜了来自国内外的风险挑战，开创、坚持、捍卫和发展了中国特色社会主义，实现了从高度集中的计划经济体制到充满生机活力的社会主义市场经济体制、从封闭半封闭到全方位开放的历史性转变，创造了经济快速发展和社会长期稳定的“两个奇迹”，“扶摇直上九万里”，大踏步赶上了时代。

改革开放和社会主义现代化建设新时期的伟大精神包括改革开放精神、特区精神、抗洪精神、抗击“非典”精神、抗震救灾精神、载人航天精神、劳模精神（劳动精神、工匠精神）、青藏铁路精神、女排精神。这些伟大精神围绕着改革开放和中国特色社会主义现代化建设的鲜明主题，强调敢为人先、埋头苦干、顽强拼搏、努力发展，充分激发了全国亿万人民群众喷薄欲出的发展热情和无比强大的创新力量。

东方风来满眼春——改革开放精神

中国画《沉重的手印》（215cm × 485cm；创作者：吴宪生（执笔）、孙光莹；2021 年）

1978 年的一个冬夜，安徽省凤阳县小岗村 18 户农民冒着巨大风险，郑重地摁下了红手印，签订了那份惊天动地的生死契约，小岗村的“大包干”就此开启。“大包干”在党的领导和推动下成了全国推广的家庭联产承包责任制，极大调动了广大农民的生产积极性，极大促进了农村生产力的发展。在凝重的素色画面中，在一个砌有简陋灶台的房间里，大

家或站或蹲，围聚在一个低矮的小方桌周围。门口有一位农民在把风，他正打开一点门缝向外张望。一位怀抱婴儿的妇女，站在最里面。每一个人的神情都是那么的凝重，似乎充满期盼却又惴惴不安。居中的那位老农，左手拿着烟袋，在旁边的村干部指引下，他右手的大拇指在契约书上用力按了下去。从契约书上可以看出，大部分人都已经按过手印了。一个载入历史的事件就这样悄然发生了。

2018 年 12 月 18 日，习近平在庆祝改革开放 40 周年大会上的讲话中指出：改革开放铸就的伟大改革开放精神，极大丰富了民族精神内涵，成为当代中国人民最鲜明的精神标识！①

“1979 年，那是一个春天，有一位老人在中国的南海边画了一个圈……”是的，这是《春天的故事》，这是改革开放的春天，这是中国人民的春天。

1978 年召开的党的十一届三中全会，拉开了改革开放的序幕。从那时起，我们党带领人民群众绘就了一幅波澜壮阔、气势恢宏的历史画卷，谱写了一曲感天动地、气壮山河的奋斗赞歌。我国国内生产总值从 1978 年的 3679 亿元增长到 2021 年的 114.9 万亿元，占世界生产总值的比重从 1.8% 上升到 18.5%，稳居世界第二位，多年来对世界经济增长贡献率超过 30%。谷物总产量稳居世界首位，全国人民的粮食安全得到有效保障。建立了全世界最完整的现代工业体系，建成世界最大的高速铁路网、高速公路网，制造业规模稳居世界第一。成了货物贸易第一大国、外资流入第二大国，外汇储备稳居世界第一。基础研究和原始创新不断加强，关键核心技术实现突破，战略性新兴产业不断壮大，载人航天、探月探火、深海深地探测、超级计算机、卫星导航、量子信息、核电技术、新能源技术、大飞机制造、生物医药等取得重大成果，我国进入了创新型国家行列。

①习近平：《论中国共产党历史》，北京：中央文献出版社，2021 年，第 220 页。

这些激动人心的丰硕成果不是上天的恩赐，不是别人的施舍，是勤劳勇敢的中国人民脚踏实地用劳动创造出来的；这些非凡的发展成就不是一朝一夕一蹴而就的，是一代又一代的中国人民前赴后继用汗水浇灌出来的。

1978年的一个冬夜，在后来被称为“中国农村改革第一村”的安徽省凤阳县小岗村，18户农民冒着巨大风险，郑重地摁下了红手印，毅然决然地签订了那份惊天动地的生死契约：“我们分田到户，每户户主签字盖章，如以后能干，每户保证完成每户的全年上交（缴）和公粮，不在（再）向国家伸手要钱要粮，如不成，我们干部作（坐）牢杀头也干（甘）心，大家社员也保证把我们的小孩养活到十八岁。”当晚，生产队的土地、农具等生产资料按人头分到各家各户，小岗村的“大包干”就此开启，全国农村的“大包干”就此开启。“大包干”在党的领导和推动下成了全国推广的家庭联产承包责任制，极大调动了广大农民的生产积极性，极大促进了农村生产力的发展。2018年12月，作为农村改革的先行者，小岗村“大包干”带头人荣获“改革先锋”荣誉称号。

1977年底，中断十多年的高等学校统一招生考试得到恢复。当年全国570万人参加高考，27.3万人被录取。1978年，610万人报考，录取40.2万人。七七级大学生1978年春天入学，七八级大学生1978年秋天入学，两次招生相隔仅半年，这在我国乃至世界教育历史上都堪称是一个罕见的创举和奇迹。果断恢复高考，不仅具有重大的现实意义，而且具有深远的历史意义。改变的不只是一代人的命运，而是几代人的命运；改变的不只是一些人的命运，而是整个中华民族的命运；为我国在新时期以及其后的腾飞和发展打下了扎实的人才基础、科技基础和文化基础。

“沉舟侧畔千帆过，病树前头万木春。”从小岗村的红手印到蛇口的开山第一炮，从温州模式到义乌发展经验，从浦东新区到海南自贸区，从深圳建设中国特色社会主义先行示范区到雄安新区打造中国样板，从粤港澳大湾区到长三角一体化，从中国国际进口博览会到“一带一路”倡议，中华民族坚定不移行走在改革开放的宽广大道上。

在波澜壮阔的改革开放伟大进程中，一代又一代的奋斗者前赴后继，勇立时代潮头，锐意改革创新，敢于实践探索。人民没有忘记他们，历史没有忘记他们。2018 年 12 月，在隆重庆祝改革开放 40 周年之际，党中央、国务院决定，授予于敏等 100 名同志改革先锋称号，颁授改革先锋奖章，表彰他们为推动改革开放作出的杰出贡献；向阿兰・梅里埃等 10 名国际友人颁授中国改革友谊奖章，感谢他们对中国改革开放事业的支持和帮助。

创造这奇迹要靠谁，
要靠我要靠你——特区精神

中国画《辉煌》（96cm×96cm；创作者：董小明；1995 年）

兴办经济特区是党和国家为推进改革开放和社会主义现代化建设进行的伟大创举。1980 年 8 月，党和国家批准在深圳、珠海、汕头、厦门设置经济特区。经济特区坚持解放思想，勇于改革创新，在经济社会发展的各个方面都取得了巨大的成就，为全国的改革开放和社会主义现代化建设发挥了重要的窗口示范和带动促进作用。在亮丽的画面中，高楼大厦鳞次栉比。远处近处，楼上地上，处处灯火通明，夜晚如同白昼；大街小巷，车水马龙，热闹繁忙，一派“辉煌”。体现了深圳建设者们时不我待的冲天干劲和工作热情。

2018 年 4 月 13 日，习近平在庆祝海南建省办经济特区 30 周年大会上的讲话中指出：经济特区要勇于扛起历史责任，适应国内外形势新变化，按照国家发展新要求，顺应人民新期待，发扬敢闯敢试、敢为人先、埋头苦干的特区精神，始终站在改革开放最前沿，在各方面体制机制改革方面先行先试、大胆探索，为全国提供更多可复制可推广的经验。[①]

兴办经济特区是党和国家为推进改革开放和社会主义现代化建设进行的伟大创举。1980 年 8 月，党和国家批准在深圳、珠海、汕头、厦门设置经济特区。1988 年 4 月，批准建立全国面积最大的海南经济特区。40 多年来，经济特区坚持解放思想，勇于改革创新，在经济社会发展的各个方面都取得了巨大的成就，为全国的改革开放和社会主义现代化建设发挥了重要的窗口示范和带动促进作用。

深圳，地区生产总值从 1980 年的 2.7 亿元增加到 2019 年的 2.7 万亿元，实现了由一座落后的边陲小镇到具有全球影响力的国际化大都市的历史性跨越。“改革先锋”袁庚，在深圳建设之初就提出了“时间就是金钱，效率就是生命”这一突破思想束缚、具有强大感召力的改革口号。“三天一层楼”的深圳速度举世闻名，“三天一制度”刷新了前海乃至深圳

①习近平：《论中国共产党历史》，北京：中央文献出版社，2021 年，第 191—192 页。

领跑高质量发展的新速度。深圳有全国第一家外汇调节中心、中国内地第一家企业自办股份制商业银行、中国内地第一家股份制保险机构、中国内地最早的两大证券交易所之一的深圳证券交易所，深圳有中国电子第一街、中国科技第一展。深圳，首创了 1000 多项改革举措。

珠海，从一座落后的边陲小镇发展成为现代化花园式海滨城市，成为一座富裕宜居的幸福之城，创造了许多令人叹为观止的奇迹。1992 年，珠海在全国首开“百万科技重奖”先河，书写了我国人才激励机制改革新篇章，轰动国内外，全国各地慕名而来取经学习。珠海的“第一”还有很多，如开办全国第一家“三来一补”企业、开办全国第一家中外合资酒店、创建全国第一个跨境工业区，首创土地管理“五个统一”，率先出台环境保护“八个不准”等。

汕头，始终把握时代脉搏，积极开展体制创新和改革探索，从昔日“省尾国角”的边陲小城发展成为现代工业、服务业综合发展的现代化海滨城市。1987 年，特区管委会率先实行 24 小时审批答复制度，在全国首开政府机关对企业服务承诺制先河，“24 小时内答复”成为汕头的金字招牌。2014 年设立的汕头华侨经济文化合作试验区，是全国唯一的以“华侨”

和“文化”为核心概念的国家级发展战略平台。

厦门，始终坚持经济特区的使命，冲锋探路，向开放要动力，向改革要活力，从昔日的海防前线小岛发展成为一座高素质高颜值的现代化国际化城市。在全国率先利用外国贷款建设机场、港口、通讯等基础设施，成立首家中外合资银行。厦门自贸片区先后推出的创新举措中有 110 多项属于全国首创。

作为面积最大、最年轻的经济特区，海南已经从一个封闭落后的边陲海岛发展成为我国改革开放的重要窗口，成为我国最开放、最具活力的地区之一。海南有博鳌亚洲论坛永久举办场地、世界首条环岛高铁、全国首个低纬度滨海发射基地。海南在农垦体制改革、“多规合一”改革、省直管市县的行政管理体制改革、航权开放等方面走在全国前列。在全国率先建设生态省，大气和水体质量保持领先水平。如今，海南正在稳步推进中国特色自由贸易港建设。

泥巴裹满裤腿，汗水湿透衣背，
我不知道你是谁——抗洪精神

雕塑《众志成城——1998·抗洪》（300cm×400cm×140cm；创作者：杨奇瑞；2009年）

1998年，长江、嫩江和松花江等流域相继发生特大洪涝灾害。肆虐的洪水，如脱缰的野马，瞬间吞没良田、房屋和工厂，严重威胁着人民群众的财产和生命安全。在党中央的坚强领导下，全国人民万众一心，众志成城，终于取得了抗洪抢险的伟大胜利。在充满力量、令人震撼的雕塑中，前排居中的人民子弟兵肩扛沙袋，集体冲锋。旁边一位小女孩，倚靠着解放军叔叔，是那么的镇定。再往边上，一群子弟兵正在奋力支撑起似乎摇动的屋顶。仔细一看，下面站满了幼小的孩子。无论多大的困难，无论多大的牺牲，一定要守护这些孩子的安全，这是解放军叔叔们坚定的信念。视线逐渐向远方推移，我们看到了深入抗洪第一线的党和国家领导人。看到了整整齐齐、密密麻麻、整装待战的千军万马。我们看到了一定能战胜汹涌洪水的“钢铁长城”，看到了中华民族的伟大力量和众志成城。

1998 年 9 月 28 日，江泽民在全国抗洪抢险总结表彰大会上的讲话中指出：在同洪水的搏斗中，我们的民族和人民展示出了一种十分崇高的精神。这就是万众一心、众志成城，不怕困难、顽强拼搏，坚忍不拔、敢于胜利的伟大抗洪精神。[①]

1998 年入汛后，长江、嫩江和松花江等流域相继发生特大洪涝灾害。肆虐的洪水，如脱缰的野马，瞬间吞没良田、房屋和工厂，严重威胁着人民群众的财产和生命安全。在党中央的坚强领导下，在全国各地的鼎力支持下，30 多万解放军、武警部队官兵，800 多万干部群众奋战在抗洪一线，200 多万人直接服务于抗洪抢险。大家心连着心、手拉着手，万众一心，奋力抗洪，终于取得了抗洪抢险的伟大胜利。

“泥巴裹满裤腿，汗水湿透衣背，我不知道你是谁，我却知道你为了谁……”这首家喻户晓的歌曲《为了谁》，歌唱的是 1998 年特大洪水中奋不顾身抗洪抢险的人民子弟兵，歌唱的是历次洪涝灾害中奋不顾身英勇奋战的人民子弟兵。人民子弟兵心系人民群众，他们义无反顾向着惊涛巨浪发起一次又一次冲锋，他们废寝忘食长时间浸泡在泥水中，他们以自己的血肉之躯筑起了一道道坚不可摧的阻挡洪水的铜墙铁壁。

李向群是抗洪抢险斗争中千千万万顽强奋斗的人民子弟

①中共中央宣传部:《中国共产党宣传工作简史》，北京: 人民出版社，2022 年，第 451 页。

兵的一名优秀代表。他从优越舒适的殷实家庭，坚定地走向朝气蓬勃的火热军营。看到洪涝灾害的新闻，就主动结束休假立即提前归队，在抗洪抢险一线光荣地加入中国共产党。他带病抗洪抢险，先后 4 次晕倒在大堤上。终因劳累过度，抢救无效，于 1998 年 8 月 22 日壮烈牺牲，年仅 20 岁。被中央军委授予“新时期英雄战士”荣誉称号，成为全军 10 位挂像英模之一。在这次抗洪抢险中英勇牺牲的人民子弟兵还有“抗洪英雄”高建成等多名官兵。在历次抗洪抢险中都有人民子弟兵顽强奋斗的身影，都有人民子弟兵奋不顾身甚至英勇牺牲。

在国家博物馆，有一件被作为国家一级文物永久收藏的“生死牌”，记录的是 1998 年抗洪抢险的故事。红字的木制“生死牌”上，在“誓与大堤共存亡”的誓词下面，是坚守武汉市江汉区龙王庙闸口的黄义成、唐仁清、李建强等 16 名共产党员的鲜红签名。洪水滔滔继续上涨，在直接关系武汉安危的龙王庙闸口面临决堤危险的时候，在“生死牌”上签了名的共产党员们，顾不得个人安危，顾不得已经持续工作了 40 多天的劳累，继续严阵以待。24 小时不间断巡查值守，耐心细致排查渗水或管涌迹象，确保大堤万无一失，以实际行动诠释了共产党人的使命担当。这样的“生死牌”，在当时还有多个；这样的共产党员，在当时还有很多！

“洪水不退，我不离堤！”面对滚滚来袭的汹涌洪水，时任村党支部书记陈申桃郑重许下诺言。他带领乡亲们一起抗洪抢险，保卫家园。他一次次跳入水中，夯土石，堵溃口，排除大小险情 100 多处。22 年后，2020 年，洪水再次来袭，已经退休的陈申桃依然选择守护当年守护的那段江堤。这次，他和儿子一起守护那段江堤，一起守护美好家园。

面对滔滔洪水，人民群众万众一心众志成城。小伙子们车拉肩扛，妇女们挑着竹筐运送石头，连白发苍苍的老人也提着草袋装上土石坚定走向抗洪的战场。岌岌可危之际，人民群众忍痛拆掉自家的门板和围墙，把木料和土石送到一线加固大堤，舍小家为大家。全国人民心系灾区抢险，牵挂受灾的父老乡亲，踊跃捐款捐物，积极支援抗洪抢险。

金猴奋起千钧棒，玉宇澄清万里埃
——抗击“非典”精神

以南丁格尔的名义
献给奋战在
一线的医护工作者

中国画《以南丁格尔的名义》（110cm × 110cm；创作者：刘健，2003 年）

2003 年，我国遭遇了一场突如其来的“非典”疫情。在那场没有硝烟的战斗中，广大医务工作者挺身而出，迎难而上，用血肉之躯筑起了铜墙铁壁，守护了人民群众的身体健康和生命安全。在淡雅的画面中，前面的护士头戴护目镜，身穿防护服，已是全副武装。疫情形势的严峻可想而知。她右手比划出胜利的手势，体现了她的英勇无畏和必胜信心。她后面的队友，还在认真地帮她整理装备。那专注凝重的神情，既体现了一丝不苟的敬业精神，更体现了对队友的深切关心。他们是救死扶伤的“南丁格尔”，他们是大爱仁心的白衣天使。

2003 年 4 月 28 日，胡锦涛在主持中共十六届中央政治局第四次集体学习时强调：在当前这场防治非典型肺炎的斗争中，我们要大力弘扬万众一心、众志成城，团结互助、和衷共济，迎难而上、敢于胜利的精神。①

2003 年，我国遭遇了一场突如其来的非典型性肺炎（简称“非典”）疫情。当年 2 月中下旬，疫情在广东局部地区流行。3 月上旬，在华北地区传播和蔓延。4 月中下旬，波及全国 26 个省、自治区、直辖市。“非典”疫情对人民群众身体健康和生命安全构成严重威胁，给经济社会发展带来严重冲击。党中央、国务院坚持把人民群众身体健康和生命安全放在第一位，及时作出坚持一手抓防治工作这件大事不放松，一手抓经济建设这个中心不动摇，齐心协力夺取抗击“非典”和促进发展双胜利的重大决策。2003 年 6 月 24 日，世界卫生组织宣布解除对北京的旅行警告，标志着我国抗击“非典”取得阶段性重大胜利。

在那场没有硝烟的战斗中，广大白衣战士挺身而出，迎难而上，用血肉之躯筑起了一道钢铁长城，维护了人民群众的生命安全和身体健康，他们中有的人以身殉职献出了宝贵的生命。

①胡锦涛：《胡锦涛文选》（第二卷），北京：人民出版社，2016 年，第 24 页。

叶欣是众多抗击“非典”战斗英雄中的一名杰出代表，是我国在应对重大突发事件中医疗卫生战线的一面旗帜。叶欣，女，广东省徐闻县人，中共党员，生前系广东省中医院二沙分院急诊科护士长。她爱岗敬业，忠于职守，在急诊科工作 20 年，总是一马当先，冲锋在前。2003 年春节前后，叶欣所在的医院承担起了接诊“非典”患者的任务。面对具有强烈传染性的“非典”患者，面对死神的挑战，她周密筹划，冷静部署，始终坚持亲临现场，战斗在第一线，推动整个护理工作有条不紊地进行。每当有疑似或者确诊病人送来时，叶欣总是冲在最前面，争着干最艰难的工作，抢着做最危险的事情。为了减少同事感染的机会，她几乎包揽了检查、抢救、治疗和护理等一系列工作。她一次次临危不惧冒着生命危险抢救患者，一次次把危重病人从死亡线上拉回来。2003 年 3 月 4 日，叶欣开始出现发热症状，被确诊感染了“非典”，3 月 25 日凌晨因抢救无效逝世，年仅 47 岁。

在抗击“非典”斗争中英勇殉职的还有，武警北京总队医院内二科主治医师李晓红，年仅 29 岁；中山大学附属第三医院传染病科主任医师邓练贤，年仅 54 岁；山西省人民医院急诊科主任医师梁世奎，年仅 57 岁；北京市通州区潞河医院放射科医生杨涛，年仅 43 岁；北京大学人民医院主任医师丁秀兰，年仅 49 岁……

抗击“非典”斗争的胜利，是我们党坚强领导的结果，是充分发挥社会主义制度优越性的结果，是中华民族万众一心共同奋斗的结果。4000 多名施工人员连续工作 7 天 7 夜，建造起一座拥有 1000 张床位、全国最大的“非典”定点医院——小汤山医院。全军 1200 名医护人员奉命驰援北京。各省市区紧急调配大批防治物资，源源不断运往首都。全国各地迅速调集血浆，保证首都抗击“非典”斗争的急需。哪里有“非典”，哪里有困难，哪里就有来自祖国各地四面八方的大力支援。社会各界和港澳同胞、国外侨胞、海外华人纷纷慷慨解囊，捐药捐物捐款。

军民团结如一人，试看天下谁能敌
——抗震救灾精神

中国画《生命的支撑》（200cm × 400cm；创作者：苗再新；2008 年）

面对突如其来的严重地震，人民子弟兵闻令即行，尽最大努力抢救受灾群众的生命。在墨色深浅分明的画面中，一位解放军战士非常关切地看着怀抱中受伤的小女孩。在他背后的废墟上，在那些令人触目惊心的断壁残垣中，他的战友们都在争分夺秒地寻找和抢救受灾群众。一名战士背着一位老人踩

着残墙努力走出来。他后面几名战士在徒手搬移断裂的墙壁。三名战士抬着担架上的伤员，从倒塌的房屋旁边走过来，还有一名女战士左手举着输液瓶紧紧跟随。他们身后，一群战士还在奋力地抬起那些东倒西歪的房梁屋架。他们心急如焚，忙着抢救下面那些急需救助的亲人。远处，一架直升机正在快速飞来。那些奋不顾身的人民子弟兵，就是人民群众生命安全的坚实支撑。

2008 年 10 月 8 日，胡锦涛在全国抗震救灾总结表彰大会上的讲话中指出：在波澜壮阔的抗震救灾斗争中，我们用理想凝聚力量、用信念铸就坚强、用真情凝结关爱，大力培育和弘扬了万众一心、众志成城，不畏艰险、百折不挠，以人为本、尊重科学的伟大抗震救灾精神。①

2008 年 5 月 12 日，四川汶川发生 8.0 级特大地震，这是新中国成立以来发生的破坏性最强、波及范围最广、灾害损失最重、救灾难度最大的一次地震。在党中央领导下，我国迅速组织起历史上救援速度最快、动员范围最广、投入力量最大的抗震救灾活动。84017 名群众从废墟中被抢救出来，149 万名被困群众得到解救，430 多万名伤病员得到及时救治，1510 万名紧急转移安置受灾群众基本生活得到妥善安排。

在这场波澜壮阔的抗震救灾过程中，许多人在生死瞬间把生的希望留给他人，无数支救援队伍奔赴一线，解放军、武警部队、公安民警、民兵预备役、医务人员、专业搜救队等数十万人，志愿者 100 多万人，还有数量庞大的当地干部群众，迅速投身抗震救灾斗争，最大努力挽救受灾群众生命，最大限度降低灾害造成的损失，在地震废墟上谱写了一曲曲感天动地的英雄壮歌。

①胡锦涛：《胡锦涛文选》（第三卷），北京：人民出版社，2016 年，第 126 页。

在教室的水泥天花板坠落的那一瞬间，51 岁的东汽中学教师、共产党员谭千秋奋不顾身张开双臂，将 4 名学生掩护在自己身下，用生命诠释了大爱无疆的伟大师德。在地震中为救学生而英勇牺牲的还有 24 岁的苟晓超老师。

陈浩，一名小学六年级的学生，已经跑到了安全地带。他转头看见一个女同学站立在似乎摇动的墙壁旁边，立马转回去将女同学一把推开。墙壁瞬间倒塌下来，女同学安然无恙，陈浩身负重伤。在抗震救灾中，涌现出了一批沉着镇定、临危不惧、勇于救人的英雄少年。

26 岁的人民子弟兵陈大桂，地震发生时正在家乡度婚假。面对着咆哮而来的巨大山体滑坡，他顾不上自身安危，顾不上救助一步之遥的家人，奋不顾身将 10 多名乡亲从险境中救出。而包括他自己在内的一家五口人，却全被猛扑过来的泥石流吞没。

北川县政府办公室主任兰辉，强忍住母亲在地震中遇难的悲痛，夜以继日投入救灾工作。此后，他担任北川县副县长，勇担交通运输、安全生产等繁重的灾后重建工作。2013 年 5 月，在一次检查乡镇道路和安全生产的工作途中，不幸坠崖，因公殉职。像兰辉一样，灾区的各级领导干部挺身而出，身先士卒，带领群众化悲痛为力量，从废墟上勇敢地站起来。

2008年5月14日，在没有地面指挥引导、没有地面标识、没有气象资料的情况下，15名空降兵勇士从近5000米的高空，冒死一跃而下，进入震中孤城茂县，执行通信联络、灾情勘察、情况上报等任务，为进一步救援提供科学依据。几天之内，十几万名人民子弟兵冲进灾区。哪里有受灾群众，他们就向哪里冲锋；哪里有艰巨任务，他们就在哪里战斗。他们争分夺秒，昼夜不停，废寝忘食，连续作战，只为救出更多的父老乡亲。

26岁的战士武文斌，在救灾一线已经奋战了30多个日日夜夜。6月17日晚上，劳累了一天的他和战友们又冒着大雨将一批活动板房建材全部卸完，累得瘫倒在泥水地上，再也没能站起来。

“位卑未敢忘忧国”。来自河北唐山的13位农民，主动来到灾情最重的北川县城，成为最早进入北川抗震救灾的志愿者队伍之一。他们用铁锤砸、钢钎撬、徒手刨等最原始的方法，不断寻找幸存者。哪里有需要，就到哪里去。他们与解放军和武警战士一起，抢救出25名幸存者。

进入恢复重建阶段后，在党中央统一部署下，全国19个省市承担了对灾区的对口支援任务，一省帮一重灾县，这是我国抗灾历史上的第一次。阵容强大的勘探、设计、规划和施工队伍陆续抵达，援建者与受援方齐心合力，众志成城，在废墟上高标准、高速度、高质量建起了一座座新城。

欲与天公试比高——
载人航天精神

中国画《太空漫步》（182cm × 160cm；创作者：王剑武；2004 年）

我国载人航天事业，自 1992 年悄然起步，一步一个脚印，脚踏实地。2003 年 10 月，我国第一艘载人飞船神舟五号成功发射，杨利伟成为中国进入太空的第一人，我国成为世界上第三个独立自主掌握载人航天技术的国家。

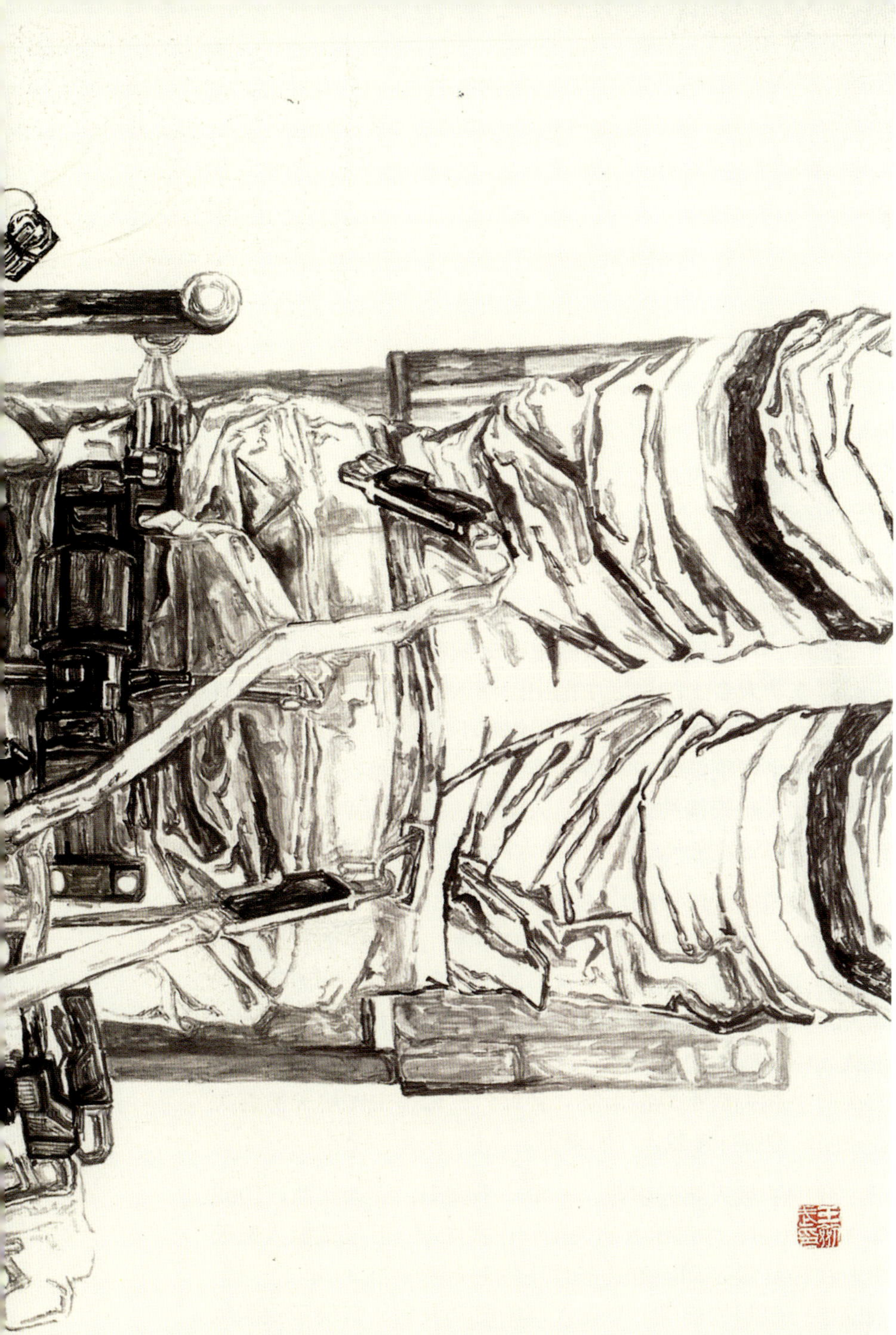

在色彩淡淡的画面中，杨利伟全副武装，有条不紊地进行着操作。他的神情是那么的庄重认真，他胸前的“中国”标识是那么的清晰醒目。当想到这不是在地球上，不是在实验室里，而是在地球之外的太空中时，就能懂得这些操作的极其不易和非凡意义，就能理解这些操作背后的多年艰辛训练。

2003年11月7日，胡锦涛在庆祝我国首次载人航天飞行圆满成功大会上的讲话中指出：伟大的事业孕育伟大的精神。在长期的奋斗中，我国航天工作者不仅创造了非凡的业绩，而且铸就了特别能吃苦、特别能战斗、特别能攻关、特别能奉献的载人航天精神。载人航天精神，是“两弹一星”精神在新时期的发扬光大，是我们伟大民族精神的生动体现。①

2022年11月30日7时33分，翘盼已久的神舟十四号乘组陈冬、刘洋、蔡旭哲顺利打开“家门”，热情欢迎远道而来的亲密战友——神舟十五号航天员费俊龙、邓清明、张陆入驻“天宫”。6名航天员在太空“胜利会师”，定格为一张载入中国航天史册的“全家福”。这是中国载人航天史上首次两个航天员乘组在太空“会师”，也是中国航天员首次在空间站迎接神舟载人飞船来访。

我国的载人航天事业，一步一个脚印，脚踏实地。1992年9月21日，中国载人航天工程正式立项，我国的载人航天事业在极其艰苦和困难的条件下悄然起步。1999年11月，我国自行研制的神舟一号无人飞船成功发射，实现了我国载人航天飞行技术的重大突破。2003年10月，我国第一艘载人飞船神舟五号成功发射，杨利伟成为中国进入太空的第一

①胡锦涛：《胡锦涛文选》（第二卷），北京：人民出版社，2016年，第112页。

人，我国成为世界上第三个独立自主掌握载人航天技术的国家。2008 年 9 月，神舟七号成功发射，航天员有翟志刚、刘伯明、景海鹏，翟志刚成为第一位出舱在太空行走的中国人，我国成为世界上第三个掌握空间出舱活动技术的国家。2012 年 6 月，神舟九号发射成功，航天员刘旺、景海鹏、刘洋，完成了中国首次载人交会对接任务。

宝剑锋从磨砺出。要想成为一名合格的航天员，必须经历严格的训练，要特别能吃苦。我们可以从一个常规的训练项目中，看看航天员高强度的学习和训练，看看他们面临的身体和心理的压力。在超重耐力训练时，航天员要承受远远超过常人极限的 8 个大气压的压力。五官被挤压变形，胸部极度压抑，呼吸非常困难，手臂抬不起来，每一秒钟都是难忍的煎熬。航天员手边有一个红色按钮，一旦觉得自己无法坚持，随时可以按动按钮停止训练。然而，至今还没有一名航天员主动按下过这个按钮。在载人航天领域，航天员特别能吃苦，所有的航天人都是特别能吃苦、特别能战斗。

王永志，我国载人航天工程首任总设计师，为首次载人航天飞行圆满成功、实现中华民族飞天梦想，作出了重大贡献。他始终把党与祖国的需要作为不断向前的方向与动力。

载人航天工程是一项宏大的系统工程，包括发射场、测控通信、着陆场、航天员、火箭、飞船等各大系统在内。每一次载人飞行，都有超过 10 万名技术人员用齿轮咬合般的团结协作托举起英雄飞天。中国航天人埋头苦干、以苦为乐、以苦为荣，一次又一次向各种困难发起冲锋，一次又一次向身心极限发起挑战。

荣获“最美奋斗者”集体荣誉称号的航天科技“神舟”团队，是党和国家创新发展载人航天的主力军和国家队，肩负着我国全部载人航天器研制设计的重要使命，他们的平均年龄只有 33 岁。自 1992 年立项以来，“神舟”团队已经取得了包括神舟飞船、目标飞行器、空间实验室等共计十几个载人航天器连战连捷的优异成绩，实现了我国载人飞行、太空出舱、交会对接、在轨补加等多项核心技术“零”的突破。

数风流人物，还看今朝——劳模精神（劳动精神、工匠精神）

申纪兰
史来贺
吴仁宝
袁隆平
邓稼先

油画《时代领跑者》之三（200cm×800cm ；创作者：何红舟、封治国 、尹骅；2015 年）

劳动模范们井然有序地分布在鲜花烂漫的画面中。或许需要放大画面，才能看到每位劳动模范红色印章样式的姓名。但从他们特色非常鲜明的服饰和装备中，基本可以判断出他们的职业和地域。在他们的背后，是连绵的群山，是茫茫的流水，是飞驰的高铁，是待航的渡轮，是古老的敦煌，是现代的都市。那是他们挥洒汗水的工作环境，那有他们辛勤劳动的丰硕成果，那是伟大祖国日新月异的蓬勃发展。

2020 年 11 月 24 日，习近平在全国劳动模范和先进工作者表彰大会上的讲话中指出：在长期实践中，我们培育形成了爱岗敬业、争创一流、艰苦奋斗、勇于创新、淡泊名利、甘于奉献的劳模精神，崇尚劳动、热爱劳动、辛勤劳动、诚实劳动的劳动精神，执着专注、精益求精、一丝不苟、追求卓越的工匠精神。劳模精神、劳动精神、工匠精神是以爱国主义为核心的民族精神和以改革创新为核心的时代精神的生动体现，是鼓舞全党全国各族人民风雨无阻、勇敢前进的强大精神动力。①

劳动模范是广大劳动群众中的优秀代表，是最美的劳动者。劳动模范的涌现和评选，体现了人民群众是历史创造者的唯物史观，体现了我们党坚持为了群众、依靠群众的群众观点和群众路线，体现了我们党和国家的人民性和先进性。早在二十世纪三四十年代，陕甘宁边区等革命根据地大生产运动中就涌现出了一大批劳动模范。新中国成立后，劳动模范的评选逐渐形成了固定制度。一代又一代的劳动模范，爱岗敬业，艰苦奋斗，用辛勤的汗水创造了非凡的业绩，铸造了闪亮的丰碑，赢得了党和人民的赞誉。

吴运铎，新四军兵工事业的创建者和新中国兵器工业的

①习近平：《论中国共产党历史》，北京：中央文献出版社，2021 年，第 42 页。

开拓者，新中国第一代工人作家，被誉为“中国的保尔·柯察金”。他以“把一切献给党”的赤子之心，刻苦钻研，勤奋工作。在艰苦的革命战争年代，为了研发枪弹，他多次身负重伤，左眼被炸瞎，一条腿被炸坏，4 根手指被炸掉。他撰写的自传体小说《把一切献给党》，是他奋斗经历的生动写照，鼓舞着一代又一代的青年为党和人民的事业努力奋斗。

孟泰，新中国第一代著名的劳动模范。他爱厂如家，艰苦创业，为鞍钢生产的恢复和发展作出了重大贡献。他带领广大工人把旧社会遗留下来的几个废铁堆逐个翻一遍，收集有用的器材做好分类整理，建成了当时著名的“孟泰仓库”。他组织技术人员开展联合技术攻关，先后解决了十几项技术难题，自制成功大型轧辊，填补了我国冶金史上的空白。

时传祥，北京环卫战线的一名普通掏粪工人，新中国第一代劳动模范。他对整个清掏区的情况都了如指掌，百十斤重的粪桶每天要背近百桶。干工作从不分份内和份外，看见墙头倒了就主动砌好，发现厕所没挖坑就带上工具挖好。他以“宁愿一人脏，换来万家净”的境界扎实工作，他以“业无高卑志当坚”的情怀默默奉献，他脚踏实地为人民服务，赢得了社会各界的尊重。

蒋筑英，我国光学界的优秀人才，掌握多门外语，翻译了大量外国资料。他在科学研究中勇于探索，刻苦钻研，任劳任怨。他和他的研究小组建立了我国第一台光学传递函数测量装置，建成了国内一流的光学检测实验室。1982 年 6 月，由于过度劳累，病情恶化，不幸逝世。

常香玉，豫剧主要流派“常派”创始人，人民艺术家。她对民族戏曲艺术充满深厚的感情，将毕生精力贡献给了中国民族戏曲事业，代表剧目有《花木兰》《朝阳沟》《红灯记》等。常香玉以实际行动积极支持抗美援朝，报效伟大祖国。1951 年，她率领剧社巡回演出募集资金，为志愿军捐献了一架战斗机。1953 年，她率领豫剧队到抗美援朝前线举办慰问演出 180 多场。

任长霞，被誉为“女神警”。从警 20 多年，她始终把人民群众的疾苦和安危放在心上，忠诚履职尽责，带领民警严厉打击违法犯罪活动，守护一方平安，赢得人民群众广泛赞誉。2004 年，任长霞在办案途中遭遇车祸，不幸因公殉职，年仅 40 岁。

许振超，干一行、爱一行、精一行，自学成才，苦练技术，练就了“一钩准”“一钩净”“无声响操作”等绝活。他勇于创新，敢于开拓，带领团队积极开展科技攻关，持续破解安全生产难题，填补了国际技术空白，为国家节约了巨额成本。他带领团队先后八次刷新集装箱装卸世界纪录，创造了享誉全球的“振超效率”，是新时期中国产业工人的楷模。

樊锦诗，1963 年北京大学毕业后，就扎根大漠。她视敦煌石窟的安危如生命，潜心敦煌石窟考古研究，完成了敦煌莫高窟的分期断代。她坚持改革创新，带领团队构建“数字敦煌”，开创了敦煌莫高窟开放管理新模式。她在全国率先开展文物保护专项法规和保护规划建设，探索形成石窟保护的科学理论与方法，为敦煌莫高窟的保护、传承与利用作出了突出贡献，被人们亲切称为“敦煌女儿”。

那是一条神奇的天路——青藏铁路精神

中国画《高铁进山啦》（210cm × 360cm；创作者：蔡超、边涛、李鸿莉；2019 年）

在温暖欢快的画面中，几个孩子推着铁环，开心地与穿越连绵起伏群山的“复兴号”高铁“赛跑”，他们的加油声、呼喊声响成一片。快乐的孩子，意味着人们的幸福生活；飞驰的高铁，体现的是我国经济社会的快速发展。飞驰的高铁让孩子们找到“赛跑”的快乐，飞速发展的社会让人们的生活越来越幸福。进山的不只是高铁，更是我国经济社会的全面发展，更是人们美好生活水平的不断提高。

2006 年 7 月 1 日，胡锦涛在青藏铁路通车庆祝大会上的讲话中，号召全党全国各族人民学习和弘扬挑战极限、勇创一流的青藏铁路精神，为全面建设小康社会，把中国特色社会主义伟大事业继续推向前进而团结奋斗。①

“那是一条神奇的天路，把人间的温暖送到边疆，从此山不再高、路不再漫长，各族儿女欢聚一堂……”旋律优美、深情激昂的歌曲《天路》歌唱的那条“神奇的天路”，就是著名的青藏铁路。

青藏铁路从青海省西宁市至西藏自治区拉萨市，全长 1956 公里。一期工程（西格段）从青海省西宁市至格尔木市，1958 年 9 月开工建设，1984 年 5 月建成通车；二期工程（格拉段）从青海省格尔木市至西藏自治区拉萨市，2001 年 6 月开工建设，2006 年 7 月全线通车。青藏铁路是世界上海拔最高、线路最长、速度最快的高原铁路。翻越唐古拉山的铁路最高点海拔 5072 米，经过海拔 4000 米以上地段 960 公里，连续多年冻土区 550 公里以上。

面对极端恶劣的自然条件和多年冻土、高寒缺氧、生态脆弱等三大世界性工程难题，一代又一代的青藏铁路建设者和维护者坚信“世上无难事，只要肯登攀”，战天斗地，艰

①胡锦涛：《胡锦涛文选》（第二卷），北京：人民出版社，2016 年，第 465 页。

苦奋斗，挑战极限，勇创一流，用汗水和智慧创造了中国乃至世界铁路建设和运营历史上的非凡奇迹。

20 世纪 70 年代，在西格段重难点工程关角隧道修建过程中，塌方频发，100 多名年轻战士的生命永远定格在关角。

在青藏铁路格拉段沿线海拔 4700 多米的风火山上，有一块墓碑，墓碑的主人是曾任中铁西北科学院研究所副所长的王占吉。他在风火山冻土观测站一干就是十几年。1980 年，年仅 51 岁的王占吉因病去世。按照他的遗愿，把他安葬在了风火山上，永远守望着青藏铁路。青藏铁路格拉段开工建设后，王占吉的儿子追随父亲未竟的事业来到风火山，担任监理工程师，继续奋斗在青藏铁路建设一线。

青藏铁路首任总体设计师庄心丹，带领团队在极其艰难危险的条件下，在青藏高原进行勘探测量。他们穿戈壁、过沼泽、翻雪山，常常是靠双脚行走，吃的是干馒头就咸菜，喝的是难以下咽的苦咸水，住的是就地支起的简陋帐篷。

“最美铁路人”于本蕃和他的同事们，长期担负着青藏铁路全线海拔最高、自然条件最差、灾害最频繁的唐古拉区段 100 多公里冻土线路养护任务。他们经常在零下 20 多度的严寒中，冒着冰冷的飞雪，带着氧气瓶巡查线路、处理故障、夯实路基。于本蕃非常善于钻研，他撰写了几十万字的抗冻土笔记，从日常工作中用到的小技巧总结线路养护的经验，提炼出“看、测、析、敲、听、验”的检修工作方法，提高了工作的效率和质量，得到了大家的认可肯定和推广应用。

为了保护敏感又脆弱的生态环境，青藏铁路从设计、施工到运营，始终坚持环保先行的理念。建立野生动物专用通道，建设人造湿地，沿线打造绿色长廊等，不断探索各种有效方式，努力把青藏铁路建设和维护成一流的“环保铁路”。

2014 年 8 月，青藏铁路的延长线——拉日铁路（拉萨至日喀则铁路）开通运营，这是青藏铁路建设史上又一座重要的里程碑。2021 年 6 月，拉林铁路（拉萨至林芝铁路）开通运营，这是我国首条高原电气化铁路，结束了藏东南地区不通铁路的历史，使西藏的交通迈上一个新的台阶，对于加强内地与西藏的联系交流、促进民族团结、维护边疆稳定、推动乡村振兴具有重要的意义。

不经一番寒彻骨，怎得梅花扑鼻香

——女排精神

中国画《决战之前》（104.5cm × 81cm；创作者：徐启雄；1984 年）

1981 年，在第三届女排世界杯上，中国女排七战七捷，获得了第一个世界冠军，揭开了新中国体育运动事业崭新的一页。其后，女排不断拼搏奋斗，创造了“五连冠”的辉煌成绩。每一个闪耀的奖杯，都是用无数晶莹的汗水浇灌出来的；每一个精彩的瞬间，都是无数次的跌打滚爬锤炼出来的。在热烈的暖亮画面中，女排运动员低头聚拢在一起，她们有力的手掌一层层叠压起来，这是决战之前的加油鼓劲。聚光灯灿烂的光芒从天而降，洒落在女排运动员们的头上身上，洒落在光洁的赛场上，留下了长长的倒影。笼罩在亮光里的女排运动员们，显得是那么的高大，那么的充满力量。

2019年9月30日，习近平在会见获得2019年女排世界杯冠军的中国女排队员、教练员代表时指出：广大人民群众对中国女排的喜爱，不仅是因为你们夺得了冠军，更重要的是你们在赛场上展现了祖国至上、团结协作、顽强拼搏、永不言败的精神面貌。女排精神代表着一个时代的精神，喊出了为中华崛起而拼搏的时代最强音。[①]

电影《夺冠》讲述了中国女排从1981年首夺世界冠军到2016年里约奥运会生死攸关的中巴大战，展示了几代女排人几经风雨却始终不屈不挠、努力拼搏的传奇经历。其实，现实生活中的中国女排经历的辛苦和磨练，比电影中的还要多还要强。

1981年11月16日傍晚，在第三届女排世界杯上，中国女排七战七捷，获得了第一个世界冠军。孙晋芳、张蓉芳、郎平等中国女排姑娘，热泪盈眶站上最高领奖台，揭开了新中国体育运动事业崭新的一页。那个傍晚，成千上万的中华

①《习近平会见中国女排代表》，《人民日报》2019年10月1日，第1—2版。

儿女守望在电视机和收音机前面；那个傍晚，成千上万的中华儿女热泪盈眶喜欲狂；那个傍晚，不时爆发出来的阵阵雷鸣般的掌声响彻千家万户大街小巷。

1982 年，中国女排获得第九届女排世锦赛冠军；1984 年，中国女排首夺奥运会金牌；1985 年，中国女排获得第四届女排世界杯冠军；1986 年，中国女排获得第十届女排世锦赛冠军；中国女排创造了“五连冠”的辉煌成绩。几十年来，中国女排在世界杯、世锦赛、奥运会三大赛事中屡创佳绩。中国女排就是一面猎猎飘扬的旗帜，振兴了一个时代，喊出了为中华崛起而拼搏的时代最强音，激荡出了无数中国人心中澎湃沸腾的爱国主义和民族自豪感。

梅花香自苦寒来。每一个闪耀的奖杯，都是用无数晶莹的汗水浇灌出来的；每一个精彩的瞬间，都是无数次的跌打滚爬锤炼出来的；每一次灿烂的笑容，都承载着训练场上留下的累累伤痕。

郎平，凭借强劲而精确的扣杀赢得了“铁榔头”的绰号。“铁榔头”不是天生的，“铁榔头”是训练场上一次次饱含着汗水和泪水的扣杀磨练出来的。当年练习扣球时，郎平每天早中晚三场都要各扣至少300次，练到最后常常是双手发麻，手臂僵硬。“铁榔头”的顽强拼搏还体现在她的勇毅担当上。她两次在中国女排最困难时期，主动担任主教练，大刀阔斧改革创新，不拘一格起用新人，把中国女排一次次带上荣誉的顶峰。

改革开放之初，中国女排从条件简陋的竹棚训练场地起步。几十年来，训练场地的条件越来越好，训练的方法也越来越科学，但是训练的艰辛程度却没有减下来。女排的队员换了一茬又一茬，每一名女排姑娘都是数年如一日坚持重复训练成千上万次，每一名女排姑娘都是带着伤痕竭尽全力进行训练和比拼。

前进的道路并不都是坦途，中国女排也遇到过坎坷和低谷。面对强大对手时，中国女排信念坚定，永不言败，奋勇拼搏，力克强敌，反败为胜。在遭遇失利时，中国女排没有垂头丧气互相抱怨，而是从低谷中奋起，从摔倒的地方站起，“而今迈步从头越”，卧薪尝胆，披星戴月，更加刻苦训练，更加团结拼搏。

中国女排，一代又一代，前赴后继，奋力拼搏，始终在努力实现那个朴素的目标：升国旗、奏国歌！

第四章

中国特色社会主义新时代的伟大精神

中国画《万山红遍 层林尽染》（69.5cm × 45.5cm；创作者：李可染；1973 年）

在视觉冲击力强烈的充盈画面中，从远及近，峰峦叠嶂，满眼都是厚重的朱砂红。三五院落，错落有致，白墙黛瓦，别有风味。山涧流水，源源不断，到了近前，突然形成了飞流直下的壮观瀑布。山脚下的流水，随心所欲地流淌着，形成了一片白色的线网，与山峦的红色相得益彰。“万山红遍，层林尽染”，美丽中国，美好人间。从画中的题记可以看出，这是画家依据毛泽东的著名词作《沁园春・长沙》进行的美术创作，是画家用精湛的艺术生动描绘祖国的大好河山。

2012 年 11 月，党的十八大胜利召开，中国特色社会主义进入了新时代，“江山如此多娇”。我们党团结带领广大人民群众，攻克了许多长期没有解决的难关难题，办成了许多事关长远的大事要事，推动党和国家各项事业取得了历史性成就、发生了历史性变革。经济建设、政治建设、文化建设、社会建设和生态文明建设等“五位一体”总体布局取得了显著成就，全面建设社会主义现代化国家、全面深化改革、全面依法治国、全面从严治党等“四个全面”战略布局深入推进。我国的综合实力日益强大，国际地位和国际影响力不断提高，人民群众的生活芝麻开花节节高、越来越美好。为实现中华民族伟大复兴提供了更为完善的制度保证、更为坚实的物质基础、更为主动的精神力量。“人间正道是沧桑”，中华民族迎来了从站起来、富起来到强起来的伟大飞跃，中华民族伟大复兴进入了不可逆转的历史进程。

中国特色社会主义新时代的伟大精神有脱贫攻坚精神、抗疫精神、“三牛”精神、科学家精神、企业家精神、探月精神、新时代北斗精神、丝路精神等。这些伟大精神体现着新时代的鲜亮特点，彰显着创造创新、攻坚克难、团结协作的闪亮风采，鼓舞着全国各族人民群众积极探索中国式现代化，努力建设社会主义现代化强国，奋力实现中华民族伟大复兴的中国梦。

面壁十年图破壁——脱贫攻坚精神

中国画《暖心——十八洞村贫困户精准识别公示会》(240cm×450cm；创作者：王奋英；2019 年)

在色彩淡雅、结构匀称的画面中，窗外群山起伏，勤快的燕子即将从眼前飞过。屋内的墙上挂着辣椒和玉米，桌上摆着茶碗。背篓里的小男孩津津有味地啃着自己的小手，人群中的小男孩有点羞怯地向外张望着，还有牵着手的孩子、背上的孩子、怀抱中的孩子、站着的孩子、坐着的孩子，每个孩

子都是那么的可爱。大人们衣衫清爽，大都面带微笑。干部和群众围坐一圈，融洽地商量着精准扶贫的具体事宜。一股暖暖的清风正气油然升起，乡亲们对战胜眼前的贫困、带着孩子们一起奔向美好的生活充满了坚定的信心。

2021年2月25日，习近平在全国脱贫攻坚总结表彰大会上的讲话中指出：脱贫攻坚伟大斗争，锻造形成了“上下同心、尽锐出战、精准务实、开拓创新、攻坚克难、不负人民”的脱贫攻坚精神。脱贫攻坚精神，是中国共产党性质宗旨、中国人民意志品质、中华民族精神的生动写照，是爱国主义、集体主义、社会主义思想的集中体现，是中国精神、中国价值、中国力量的充分彰显，赓续传承了伟大民族精神和时代精神。[①]

2017年10月，电影《十八洞村》在全国上映。影片以十八洞村脱贫发展的真实故事为原型，讲述了退伍军人杨英俊带领杨家兄弟在扶贫工作队的帮扶下，打赢一场脱贫攻坚战的故事。湖南省花垣县十八洞村地处武陵山脉腹地，是一个藏在偏僻幽静山谷中的苗族聚居贫困村。2013年11月，习近平在这里考察，首次提出“精准扶贫”理念。[②]那一年，十八洞村的人均纯收入仅有1668元。经过精准扶贫，2016年，十八洞村实现整村脱贫。2020年，十八洞村“更上一层楼”，人均纯收入达到18369元。

电视剧《山海情》里那个“苦瘠甲天下”的西海固告别了绝对贫困，“悬崖村”阿土列尔村的村民搬进了山下县城的新家……2020年底，我国脱贫攻坚战取得了全面胜利，现

①习近平：《习近平谈治国理政》（第四卷），北京：外文出版社，2022年，第137—138页。

②本书编写组：《社会主义发展简史》，北京：学习出版社、人民出版社，2021年，第286页。

行标准下 9899 万农村贫困人口全部脱贫，832 个贫困县全部摘帽，12.8 万个贫困村全部出列，区域性整体贫困得到解决，完成了消除绝对贫困的艰巨任务，创造了彪炳史册的人间奇迹！脱贫攻坚战的伟大胜利是奋斗出来的，是党领导人民艰苦奋斗的结果，是贫困地区干部群众艰苦奋斗的结果，是成千上万的扶贫工作者艰苦奋斗的结果，是全国人民众志成城共同奋斗的结果。

为了打赢脱贫攻坚战，我们党坚强领导、科学决策。2015 年 11 月，中央扶贫开发工作会议在北京召开。一系列制度和政策陆续出台，与已有的制度和政策相辅相成，逐步构建起责任清晰、各负其责、合力攻坚的脱贫攻坚责任体系。2017 年 10 月，党的十九大提出，坚决打赢脱贫攻坚战。确保到 2020 年我国现行标准下农村贫困人口实现脱贫，贫困县全部摘帽，解决区域性整体贫困，做到脱真贫、真脱贫。党的十八大以来，全国累计选派 50 多万名干部担任第一书记，派出 300 多万名干部驻村帮扶，全国科技系统选派近 29 万名科技特派员。

为了打赢脱贫攻坚战，从党的十八大召开到全国脱贫攻坚战取得胜利，8 年多的时间里，习近平多次主持召开扶贫工作会议。他走遍全国 14 个集中连片特困地区，坚持看真贫，坚持了解真扶贫、扶真贫、脱真贫的实际情况，面对面同贫困群众聊家常、算细账，热情鼓舞、积极动员、细心指导贫困地区的干部群众坚决打赢脱贫攻坚战。

为了打赢脱贫攻坚战，全国脱贫攻坚楷模、百坭村驻村第一书记黄文秀因公殉职，献出了年仅 30 岁的宝贵生命。因公殉职的还有全国脱贫攻坚楷模、舟曲县扶贫办副主任、年仅 34 岁的张小娟。还有因病牺牲在工作岗位上的全国脱贫攻坚楷模、晴隆县委书记姜仕坤。在脱贫攻坚斗争中，在和平发展的年代，有 1800 多人将生命永远定格在脱贫攻坚征程上。

为了打赢脱贫攻坚战，全国脱贫攻坚楷模、年近百岁的夏森，省吃俭用，艰苦朴素，累计捐出积攒下来的 203.2 万元，用于改善贫困乡村学校的教学条件。全国脱贫攻坚楷模、科技工作者赵亚夫，把论文写在大地上，把致富百姓作为矢志不移的追求。全国脱贫攻坚楷模、菌菇专家李玉，带领农民通过种植木耳蘑菇告别贫困。全国脱贫攻坚楷模、伽师县水利局局长刘虎，为了各族群众喝上“安全水”“幸福水”，身患重病，仍然坚持奋战在饮水安全工程一线。全国脱贫攻坚楷模、下庄村党支部书记毛相林，带领乡亲们以“愚公移山”

的决心和毅力，凿出一条“绝壁天路”。全国脱贫攻坚楷模、蒙古族刺绣协会会长白晶莹，带领贫困地区农牧民妇女开拓出一条脱贫致富的新路。全国脱贫攻坚楷模、华坪女子高级中学校长张桂梅，帮助1800多名贫困山村女孩走出大山走进大学。人民楷模、“太行山上的新愚公”李保国，30多年扎根太行山区，奋战在扶贫攻坚和科技创新第一线，带领10万农民脱贫致富。

为了打赢脱贫攻坚战，河北省塞罕坝机械林场、安徽省金寨县花石乡大湾村、中共福建省寿宁县下党乡委员会、江西省瑞金市叶坪乡、湖南省花垣县双龙镇十八洞村、四川省凉山彝族自治州昭觉县三岔河乡三河村、国网西藏电力有限公司农电工作部、陕西省绥德县张家砭镇郝家桥村、青海省海东市互助土族自治县五十镇班彦村、宁夏回族自治区永宁县闽宁镇等脱贫攻坚楷模集体，一切渴望摆脱贫困的人们，在党的坚强领导下，长期艰苦奋斗，战天斗地。

借问瘟君欲何往，纸船明烛照天烧

——抗疫精神

油画《习近平给北京大学援鄂医疗队全体“90后”党员回信》（250cm×400cm；创作者：何红舟、邬大勇；2020年）

2020年3月15日，习近平给北京大学援鄂医疗队全体“90后”党员回信，向他们和奋斗在疫情防控各条战线上的广大青年致以诚挚的问候，勉励广大青年不惧风雨、勇挑重担。在明快温暖的画面中，鲜红的党旗端端正正悬挂在墙壁的正中间，与医务工作者洁白的工作服形

成醒目的对比，火红的奉献之心、高尚的仁爱之心、蓬勃的青春朝气浑然一体。大家围聚在一起，欣喜地阅读总书记的回信，脸上写满了激动，那些握紧的拳头表达了努力攻坚克难、一定战胜疫情的信心和力量。他们背后的电视上正在播放习近平总书记看望慰问人民群众的场景，体现了我们党始终坚持人民至上，体现了全国上下众志成城。

2020 年 9 月 8 日，习近平在全国抗击新冠肺炎疫情表彰大会上的讲话中指出：在这场同严重疫情的殊死较量中，中国人民和中华民族以敢于斗争、敢于胜利的大无畏气概，铸就了生命至上、举国同心、舍生忘死、尊重科学、命运与共的伟大抗疫精神。①

新冠疫情是百年来全球发生的最严重的传染病大流行，是新中国成立以来我国遭遇的传播速度最快、感染范围最广、防控难度最大的重大突发公共卫生事件。在 2020 年的严重疫情时期，面对突如其来疯狂肆虐的病毒，千千万万的医务工作者除了日常工作的职责和任务，他们还面临着比普通民众更重的使命和更大的风险。他们中的很多人，从白发苍苍的耄耋老人，到“00 后”“90 后”的孩子，来不及向亲人辞行，来不及向同事话别，毅然白衣披甲逆行出征，演绎了荡气回肠的时代风采。有把生的希望留给他人而自己错过救治的医院院长刘智明，有永远无法向妻子兑现婚礼承诺的丈夫彭银华，有牺牲在救治岗位留下幼小孩子的妈妈夏思思，有耄耋之年敢医敢言的钟南山，有用中医药成功抗击疫情的“无胆英雄”张伯礼，有身患渐冻症却要努力快跑以抢回更多患者的张定宇，有发誓“除了胜利，别无选择”奋力研制疫苗的陈薇，有北京大学援鄂医疗队全体“90 后”共产党员，有召之即来、

①习近平：《习近平谈治国理政》（第四卷），北京：外文出版社，2022 年，第 98 页。

来之能战、战之能胜的4000多名人民解放军医务人员，有慨然出征奔赴前线的346支国家医疗队的4万多名医务人员，有同病毒短兵相接、率先打响疫情防控遭遇战的54万名湖北省和武汉市医务人员，还有全国各地始终坚守在抗疫最前线的众多白衣天使，“一时多少豪杰”！

广大医务人员用他们平凡的血肉之躯筑起了抗击病毒的坚固的钢铁长城，挽救了一个又一个垂危的生命，用实际行动诠释了医者仁心、大爱无疆的高尚美德。他们是最美的天使，他们是新时代最可爱的人！他们的名字和功绩，国家不会忘记，人民不会忘记，历史不会忘记，将永远铭刻在共和国的丰碑上！

面对不期而至的严重疫情，党中央坚强领导、果断决策，全国迅速形成统一指挥、全面部署、立体防控的战略布局，有效遏制了疫情大面积蔓延，有力改变了病毒传播的危险进程，最大限度保护了人民群众的生命安全和身体健康。从出生仅30多个小时的婴儿到100多岁的老人，从在华外国留学生到来华外国人员，每一个生命都得到全力护佑。

面对不期而至的严重疫情，全国人民万众一心，众志成城，心往一处想，劲往一处使，众人拾柴火焰高。10多天时间建成火神山医院和雷神山医院，大规模改建方舱医院，迅速开辟集中隔离点，19 个省区市对口帮扶湖北。460 多万个基层党组织奋勇冲锋，人民子弟兵、公安民警英勇向前，400 多万名社区工作者日夜值守，数百万名快递员奔波忙碌，180 多万名环卫工人起早摸黑，成千上万名科研人员奋力攻关。全体中国人民闻令而动，听命而行，各尽所能，都是抗击疫情的英雄战士。

面对不期而至的严重疫情，我国第一时间向国际社会通报疫情信息，毫无保留同各方分享防控和救治经验。在自身疫情防控面临巨大压力的情况下，发起了新中国成立以来援助时间最集中、涉及范围最广的紧急人道主义行动，帮助挽救了全球成千上万人的生命，充分展示了推动构建人类命运共同体的大国担当。

不待扬鞭自奋蹄——“三牛”精神

中国画《老阿姨——龚全珍》（300cm × 800cm；创作者：谭乃麟；2017 年）

龚全珍，甘祖昌将军的妻子，当年随同将军一起放弃大城市生活，回到偏远的农村。她以坚定的党性修养和高尚的人格精神，几十年如一日，简朴生活，努力工作，尽力帮助群众，谆谆教育青少年，受到当地干部群众的尊敬和爱戴。在清爽的美丽画面中，在枝繁叶茂的大樟树下，鲜艳的五星红旗和少先队队旗迎风飘扬，满头白发的龚全珍靠坐在圈椅上。她脚穿布鞋，衣着朴素，脖子上戴着整整齐齐的红领巾，面带笑容，

慈祥地看着眼前的孩子们，深情地娓娓道来。老师和孩子们围聚在她的周围，有的站着，有的坐着；有的面带微笑，有的神情凝重；有的在仰脸倾听，有的在低头思考，每个人都听得那么的认真和投入。画面右侧两个小男孩与众不同的有点羞愧的表情，可以看出他们心里受到了多大的触动。老阿姨龚全珍就像那明亮的灯光，就像那闪烁的星星，一直充满温情地照耀着孩子们成长的道路。

2020 年 12 月 31 日，习近平在全国政协新年茶话会上的讲话中指出：我们要深刻铭记中国人民和中华民族为实现民族独立、人民解放和国家富强、人民幸福而奋斗的百年艰辛历程，发扬为民服务孺子牛、创新发展拓荒牛、艰苦奋斗老黄牛的精神，永远保持慎终如始、戒骄戒躁的清醒头脑，永远保持不畏艰险、锐意进取的奋斗韧劲。[①]

我们党的根本宗旨就是全心全意为人民服务，人民对美好生活的向往就是我们党的奋斗目标。在百年来的奋斗历程中，一代又一代的共产党人“先天下之忧而忧，后天下之乐而乐”，前赴后继，为维护和实现广大人民群众的根本利益而不懈奋斗，涌现出了许许多多“但得众生皆得饱，不辞羸病卧残阳”的为民服务孺子牛。

“杨善洲，杨善洲，老牛拉车不回头，当官一场手空空，退休又钻山沟沟；二十多年绿荒山，拼了老命建林场，创造资产几个亿，分文不取乐悠悠……”这首民谣歌唱的杨善洲，曾任云南保山地委书记，一辈子为民造福，一辈子无私奉献。改革开放之初，主政一方的杨善洲坚持民生为本，积极推行农村家庭联产承包责任制。从地委书记任上退休后，他“老骥伏枥，志在千里”，主动放弃优越的城市生活条件，扎根

①《在全国政协新年茶话会上的讲话》,《人民日报》2021 年 1 月 1 日，第 2 版。

大亮山义务植树造林20多年，把几万亩荒山变成了绿洲。后来，他把价值几亿元的林场无偿交给了国家。

“七一勋章”获得者李宏塔，在民政系统工作十几年，每年至少一半时间在基层度过。他始终把人民群众放在心中，视孤寡老人为父母，视民政对象为亲人，视孤残儿童为子女。作为党的创始人李大钊的孙子，他始终坚持“革命传统代代传，坚持宗旨为人民”，传承共产党人的革命传统和优良家风，一心一意为人民群众办实事做好事。

“全国助人为乐模范”王兰花，她把解决社区居民的操心事烦心事揪心事作为自己的“大事业”，十多年如一日坚持志愿服务。她带领“王兰花热心小组”先后为居民解决各类困难7000多件，调解各类民事纠纷600多起，开展公益活动7000多场次，是群众心中的“活雷锋”。

党的二十大报告提出，创新是第一动力。在百年来的发展历程中，富于创造的中国人民，尽情挥洒辛勤的汗水，充分发挥无穷的智慧，以“拓荒牛”的干劲努力探索实践，不断开拓创新，始终锐意进取，持之以恒推动着中华民族伟大复兴的中国梦逐步实现。

彭士禄，著名的核动力专家，中国核动力事业的开拓者和奠基人之一，被称为“中国核潜艇之父”。面对国外的技术封锁，彭士禄和同事们一起奋发攻坚，刻苦钻研，推动我国成为世界上第五个拥有核潜艇的国家。后来，他又受命投身到核电站的筹备和建设中。从第一代核潜艇，到大亚湾核电站，再到秦山二期核电站，以彭士禄为代表的核动力科学家，奋力推动着我国的核事业从无到有、从弱到强。作为我国著名的农民运动领袖彭湃的儿子，彭士禄像父亲一样，深情地热爱祖国，坚定地忠于祖国，为了祖国的富强奉献了自己的一生。

“七一勋章”获得者艾爱国，工匠精神的杰出代表。他从学徒做起，不怕吃亏吃苦，努力实践研究。他秉持“做事情要做到极致、做工人要做到最好”的信念，在焊工岗位奉献了 50 多年。他集扎实的理论素养、丰富的实际经验和高超的操作技能于一身，多次参与我国重大项目焊接技术攻关，攻克了数百个焊接技术难关。

艰苦奋斗是共产党人的传家宝。过去革命的胜利离不开艰苦奋斗，今天经济社会发展的辉煌奇迹也是人民群众撸起袖子加油干出来的，今后中国式现代化建设仍然需要艰苦奋斗。幸福都是奋斗出来的，我们要永远铭记那些为了人民幸福而艰苦奋斗的“老黄牛”。

“将军农民”甘祖昌，1955 年被授予少将军衔，两年后主动请辞回家乡务农。在农村生活的近 30 年时间里，甘祖昌一直坚持参加生产劳动，与父老乡亲们同甘共苦。他把自己的绝大部分收入都用来为家乡修水利、建电站，为改变家乡的落后面貌作出了很大贡献。

龚全珍，甘祖昌将军的妻子，当年随同将军一起回到农村。几十年如一日，在乡村教师岗位上兢兢业业教书育人。离休后，离职不离岗，成立“龚全珍工作室”，弘扬革命传统，“润物细无声”，培养教育更多的下一代。她多次婉拒组织上给予的照顾，一直过着简朴的生活；她尽力帮助生活困难的群众，经常资助家庭贫困的学生，受到当地干部群众的尊敬和爱戴，习近平总书记亲切地称她为“老阿姨”。

在福建省东山县，清明时节“先祭谷公，后祭祖宗”，已经成为当地延续多年的习俗。这“谷公”指的是曾任东山县委书记的谷文昌。谷文昌在东山县任职期间，时时处处为老百姓着想。他带领干部群众与风灾、旱灾抗争，植树造林，兴修水利，改善交通，发展生产，把一个风沙肆虐的荒岛变成了生机盎然的东海绿洲，为东山的经济建设和社会发展奠定了坚实的基础，在老百姓心中树起了一座不朽的丰碑。

“七一勋章”获得者黄宝妹，新中国纺织工人的优秀代表，一生听党话，为国作奉献。她曾主演由著名导演谢晋执导的电影《黄宝妹》，一时之间远近闻名。为了实现“全国人民穿好衣”的梦想，黄宝妹谢绝了当专业演员的邀请，辞掉了坐办公室当干部的任命，在生产一线扎扎实实奋斗了一辈子，在平凡的工作岗位上做出了不平凡的业绩，两次荣获“全国劳动模范”。黄宝妹退休后坚持发光发热，参与多地多个棉纺厂建设。她始终心系群众，耐心动员社区居民积极参与家园建设。她参加上海市“百老德育讲师团”，亲自走进直播间，宣讲劳模精神和党史故事。

路漫漫其修远兮，吾将上下而求索
——科学家精神

油画《杂交水稻之父——袁隆平》（250cm×213cm；创作者：焦小健；2009 年）

在安静朴实的画面中，袁隆平衣着简单朴素，像是一位普普通通的农民。他静静地坐在田埂上，背后那一束束沉甸甸的稻穗预示着水稻将是大丰收，实验的成功就在眼前。他双拳紧扣，目光炯炯，平静的神情中有一丝抑制不住的喜悦，他的内心应该是无比激动的。他的平静祥和显示了他的坚定自信，他的思考式的凝望似乎传递着他又确定了新的目标和梦想，他是一位脚踏实地为我国粮食安全、为世界粮食生产作出巨大贡献的伟大科学家。

水彩画《两弹一星人物谱》（190cm×65cm×6；创作者：应金飞；2019 年）

“两弹一星”是新中国建设成就的重要标志，极大地增强了我国的科技实力特别是国防实力，奠定了我国在国际舞台上的重要地位。1999 年 9 月，党中央、国务院、中央军委对当年为研制“两弹一星”作出突出贡献的 23 位科技专家予以表彰。作品描绘了赵九章、陈芳允、吴自良、钱三强、屠守锷、钱学森 6 位科技专家。淡墨的画面，回应着科学的理性。科技专家们衣着朴实，神采各异。赵

九章沉浸在写算中，陈芳允似乎是在比对信息，吴自良的西装领带和他的严肃神情相衬相映，钱三强陈述着自己的思考和见解，屠守锷的那根手指仿佛要一指定乾坤，钱学森的微笑是那么的祥和。每个人的个性和特色都是那么鲜明，每个人的智慧和情怀又都是那么的博大和坚定。

2021年9月27日，习近平在中央人才工作会议上的讲话中指出：必须弘扬胸怀祖国、服务人民的爱国精神，勇攀高峰、敢为人先的创新精神，追求真理、严谨治学的求实精神，淡泊名利、潜心研究的奉献精神，集智攻关、团结协作的协同精神，甘为人梯、奖掖后学的育人精神，教育引导各类人才矢志爱国奋斗、锐意开拓创新。①

在中华民族伟大复兴的历史征程中，“江山代有才人出”，一代又一代的科学家心系祖国和人民，“苟利国家生死以”，不畏艰难，无私奉献，为科学技术的进步、人民生活的改善、伟大祖国的发展作出了重大贡献。

钱学森，中国航天科技事业的先驱和杰出代表，被誉为“中国航天之父”和“火箭之王”。他毅然放弃美国给予的优厚待遇，冲破重重阻拦坚决回到祖国。在他心里，国为重，家为轻。他是科学的旗帜，是中华民族知识分子的典范。

数学家陈景润，他的“1+2”研究理论，被国际数学界称之为“陈氏定理”，至今仍在“哥德巴赫猜想”研究中保持着世界领先水平。他以超人的勤奋和顽强的毅力，常年孜孜不倦致力于数学研究。他的先进事迹和奋斗精神，激励着一代代青年发愤图强，勇攀科学高峰。

①习近平：《习近平谈治国理政》（第四卷），北京：外文出版社，2022年，第540页。

于敏，我国著名的核物理学家，中国氢弹之父，曾经隐姓埋名近 30 年。他长期主持核武器理论研究和设计制造。在二代核武器研制中，他突破关键技术，使我国核武器技术发展迈上了一个新台阶，为我国科技自主创新能力的提升和国防实力的增强作出了开创性贡献。

袁隆平，我国研究和发展杂交水稻的开创者，世界上第一个成功利用水稻杂种优势的科学家，被誉为“杂交水稻之父”。他一生致力于杂交水稻技术的研究、应用和推广，创建了超级杂交稻技术体系，为我国粮食安全、农业科学发展和世界粮食供给作出了杰出的贡献。

屠呦呦，我国首位获得诺贝尔科学奖的本土科学家。她是我国中医药科技创新的优秀代表，60 多年来致力于中医药研究实践，带领团队攻坚克难，研究发现了青蒿素，解决了长期以来存在的抗疟治疗失效难题，挽救了全球特别是发展中国家数百万人的生命，为中医药科技创新和人类健康事业作出了重要贡献。

黄大年，著名的地球物理学家。他毅然放弃国外优越条件回到祖国，全身心投入到工作中，带领团队顽强攻关，取得一系列重大科技成果，填补了多项国内技术空白，为我国深地资源探测和国防安全建设作出了突出贡献。他倾尽心血为国育才，积极提升青年教师和团队成员的国际交流能力，激励学生树立远大理想和家国情怀，培养了一批“出得去、回得来”的科技人才。

南仁东，我国著名的天文学家，“中国天眼”的发起者和奠基人。他主导提出利用我国贵州省喀斯特洼地作为望远镜台址，从论证立项到选址建设历时 22 年，主持攻克了一系列技术难题。他不计个人名利得失，长期默默无闻地奉献在科研工作第一线，与工程团队全体同仁一起通过不懈努力，攻克重重难关，实现了我国拥有世界一流水平望远镜的梦想。

“马背院士”吴天一，高原医学事业的开拓者。他投身高原医学研究 50 余年，提出高原病防治救治国际标准，开创了“藏族适应生理学”研究，诊疗救治藏族群众上万名。在青藏铁路建设期间，他主持制定一系列高原病防治措施和急救方案，创造了铁路建设工人无一例因高原病致死的奇迹，被称为“生命的保护神”。他 80 多岁高龄仍然带着心脏起搏器在海拔 4500 米以上的高原上开展诊治和研究。

达则兼善天下——企业家精神

中国画《步鑫生——城市企业改革的先行者》（81cm × 80cm；创作者：吴宪生、孙光莹；2021 年）

在我国近现代历史上，一大批企业家把个人和企业的发展同国家富强、民族振兴、人民幸福紧密结合在一起，主动为国担当、为国分忧，书写了动人的精彩篇章。步鑫生，中共党员，浙江嘉兴人。改革开放初期，他解放思想，大胆改革，使海盐衬衫总厂焕然一新，在全国产生了较大影响，被誉为“城市集体企业改革的先行者”。在色彩淡雅、视觉舒适的画面中，步鑫生目光睿智，步履坚实，走在最前面。紧跟其后的三名女孩子，衣着时尚，举止自信。画面洋溢着勇往直前的奋斗精神和马到成功的坚定自信，悄悄传递着改革者思想解放、衬衫厂蓬勃发展的信息，让心领神会的人们情不自禁莞尔点赞。

2020 年 7 月 21 日，习近平在企业家座谈会上的讲话中指出，企业家要带领企业战胜当前的困难，走向更辉煌的未来，就要弘扬企业家精神，在爱国、创新、诚信、社会责任和国际视野等方面不断提升自己，努力成为新时代构建新发展格局、建设现代化经济体系、推动高质量发展的生力军。[①]

面对突如其来的严重疫情，国企、民企努力前行，奋战在疫情防控和复工复产一线。在脱贫攻坚战中，中央企业结对帮扶 240 多个国家扶贫开发工作重点县，民营企业“万企帮万村”，合力将人、财、物等资源向最需要的地方汇集。

在中国近现代历史上，一大批企业家把个人和企业的发展同国家富强、民族振兴、人民幸福紧密结合在一起，主动为国担当、为国分忧，书写了动人的精彩篇章。

“华侨旗帜、民族光辉”陈嘉庚，杰出的华侨实业家、教育事业家和社会活动家。从惕斋学塾到厦门大学，他倾资兴办了从幼稚园到大学的完整教育体系，报效桑梓。抗战期间，他不仅带头捐献巨资，还努力想办法动员 3000 多名华侨司机和汽车修理工赶赴滇缅公路运送军需物资，为抗日战争的胜利作出了巨大贡献。新中国成立后，他积极为国家的建设和发展建言献策，推动华侨爱国大团结，坚决维护祖国统一。

①《激发市场主体活力弘扬企业家精神 推动企业发挥更大作用实现更大发展》，《人民日报》2020 年 7 月 22 日，第 1 版。

荣毅仁，我国现代民族工商业者的杰出代表。新中国成立后，他积极投身国家建设。在国家发行胜利折实公债时，他主动认购650万份。他积极支持抗美援朝，捐献七架半飞机和大量衣物。在社会主义改造中，他率先把全部企业拿出来和国家合营，为新中国的工业振兴作出了重要贡献。他是改革开放的先锋人物，中国国际信托投资公司的创始人，为社会主义现代化建设作出了卓越贡献。

王光英，我国现代民族工商业者的优秀代表。抗日战争后期，他兴办民族工业，向解放区低价出售大量军用物资和医疗用品。1950年，他策划组织了天津工商界抗美援朝反美爱国示威大游行，号召天津工商界与中国共产党同心同德。1954年他带头进行公私合营。作为改革开放后第一个总部设在香港的中资企业掌舵者，他联系引进了大量资金和关键技术，用中外合资方式完成了多项大型建设项目，为改革开放和社会主义现代化建设，为香港的繁荣稳定作出了重要贡献。

鲁冠球，乡镇企业改革发展的先行者。他始终听党话、跟党走，把党的方针政策落实到企业经营发展之中。改革开放初期，他以开拓者的胆识，主动与乡政府签订厂长个人风险承包合同，开创了浙江企业承包改革的先河，并首创浮动工资制。在他的带领下，万向集团从一个小作坊发展成为第一个进入美国市场的中国汽车零部件企业，并开创乡镇企业收购海外上市公司的先河，向世界展示了中国企业家勇于改革实践的智慧和担当。

1985 年，面对 76 台存在缺陷的冰箱，张瑞敏砸出了第一锤。这一锤彻底砸醒了海尔人的质量意识，也砸出了一个世界名牌“海尔”。在几十年的创业过程中，张瑞敏抓住改革开放的机遇，把一个严重亏损、濒临倒闭的集体小厂，发展成为全球知名的跨国企业集团，创立了全球知名白色家电品牌。首创了人单合一模式，实现了中国管理从学习模仿到引领世界管理模式的突破。

崔根良，始终勇立潮头，从创业到创新，从制造到创造，带领亨通集团打破国外技术垄断，成为中国在光纤通信领域唯一拥有光纤预制棒核心技术及自主产权的民族企业，跻身全球光纤通信前三强。他心里始终装着员工，想着国家，不把一个困难员工推向社会、推给政府。他从身边做起，从当地做起，积极帮助弱势群体，荣获中华慈善奖等。

可上九天揽月——探月精神

中国画《飞天港》（200cm × 159cm；创作者：王利；2019 年）

在整整齐齐的素白画面中，圆柱形的火箭稳稳矗立着，柱体上蓝色的“中国航天”分外醒目。塔楼层层，上下左右，清晰整齐，浑然一体。悬挂在半空的卫星，侧面装载着太阳能电池板，上部的天线笔直。身穿白色工作服的科技工作者，在不同岗位井然有序忙碌着。整个画面非常的严谨和有序，似乎处处完美，似乎没有一个零部件多余，直接表达和回应着一丝不苟的航天工作要求。

2021年2月22日，习近平在会见探月工程嫦娥五号任务参研参试人员代表并参观月球样品和探月工程成果展览时强调：17年来，参与探月工程研制建设的全体人员大力弘扬追逐梦想、勇于探索、协同攻坚、合作共赢的探月精神，不断攀登新的科技高峰，可喜可贺、令人欣慰。①

2020年12月17日凌晨，嫦娥五号返回器携带重达1731克的月球样品在内蒙古四子王旗预定区域安全着陆，探月工程嫦娥五号任务取得圆满成功。嫦娥五号任务实现了我国首次月面采样与封装、月面起飞、月球轨道交会对接、携带样品再返回等多项重大突破，其成功实施标志着我国探月工程“绕、落、回”三步走的发展规划如期完成。

富于浪漫情怀和奋斗精神的中华儿女，既仰望星空，更脚踏实地，一步一步将“可上九天揽月”的美丽神话变成了扬眉吐气的生动现实。

1991年，我国航天专家提出开展月球探测工程。

2004年，我国探月工程正式立项，并起了一个充满诗情画意的名字——嫦娥工程。

2007年，嫦娥一号发射升空，实现了中国首次绕月飞行，

①《勇攀科技高峰 服务国家发展大局 为人类和平利用太空作出新的更大贡献》，《人民日报》2021年2月23日，第1版。

完成了我国探月三步走的第一步。

2010 年，嫦娥二号发射成功，作为先导星对嫦娥三号预选着陆地区进行拍照。

2013 年，嫦娥三号发射升空，顺利在月球正面虹湾区实现软着陆，完成了我国探月三步走的第二步。作为嫦娥三号的巡视器，我国首辆月球车“玉兔号”驶抵月球表面，进行月球表面勘测。

2018 年，嫦娥四号中继星“鹊桥”发射升空，为嫦娥四号着陆器和月球车提供地月中继通信支持。随后，嫦娥四号成功发射，实现了人类首次月球背面软着陆。

2019 年，“玉兔二号”随嫦娥四号登上月球，对月球背面进行探索。

辉煌业绩的背后，是无数嫦娥工程建设者们长期的拼搏与坚守、持续的探索与创新、坚定的攻坚与合作。他们中有学识渊博、经验丰富的院士专家，有朝气蓬勃、年富力强的青年骨干。他们都是探月精神的创造者和践行者，都是勤奋的建设者和优秀的奉献者。2019 年，航天科技“嫦娥”团队荣获“最美奋斗者”集体荣誉称号。

“人民科学家”国家荣誉称号获得者叶培建，半辈子都与中国航天紧密相连，被誉为中国嫦娥系列研制团队的“定海神针”。他是嫦娥一号总设计师兼总指挥，嫦娥三号首席科学家，嫦娥二号、嫦娥四号、嫦娥五号试验器总指挥、总设计师顾问，在各号嫦娥方案的选择和确定、关键技术攻关、大型试验策划与验证、嫦娥四号首次实现月背软着陆等方面发挥了重要作用。

2022 年，我国探月工程四期正式启动，中国航天将坚持面向世界航天发展前沿、面向国家航天重大战略需求，陆续发射嫦娥六号、嫦娥七号、嫦娥八号探测器，开展关键技术攻关和月球科研站建设。

2020 年，国家航天局宣布，将我国行星探测任务正式命名为“天问”，将我国首次火星探测任务命名为“天问一号”。2021 年 5 月 15 日，天问一号着陆巡视器在火星乌托邦平原成功着陆，我国首次火星探测任务着陆火星取得圆满成功。

面对浩渺无垠的灿烂星空，勤劳而又富于梦想的中国人永远不会停止探索的脚步，我们的目标是星辰大海……

人间今日春多少，只看东方北斗杓

——新时代北斗精神

油画《国家的脊梁》（288cm × 480cm；创作者：董卓；2019 年）

在宁静而微微炫目的蓝色画面中，科学家们或坐或立，神态各异。他们的特点非常鲜明，每个人身旁的标志性符号鲜明地表达了他们的身份和巨大贡献。钱三强、钱学森、王淦昌，居中而坐，在探讨交流。邓稼先充满深情地讲述着，他背后是天体轨道图。朱光亚左手持着眼镜，右手叉腰，笔挺站立。谢家麟温和端坐，微笑地看着前方。他俩的脚边写有隐隐约约的物理公式。

黄大年静静站立，直视远方。吴文俊在认真讲解数学公式。宋文骢手持战斗机模型，仰望星空。王大珩手拿书本，坐在椅子上，一束彩光从他身旁穿过。他们是辽阔天空中的璀璨星辰，是“国家的脊梁”。画面的蓝色，从近向远，越来越深。让人不由自主地产生了宇宙很神秘、科学很奥妙、科学家很了不起的联想。

2020 年 7 月 31 日，习近平出席北斗三号全球卫星导航系统建成暨开通仪式并参观北斗系统建设发展成果展览展示，发表讲话指出：26 年来，参与北斗系统研制建设的全体人员迎难而上、敢打硬仗、接续奋斗，发扬“两弹一星”精神，培育了新时代北斗精神，要传承好、弘扬好。[①]

据中国卫星导航系统管理办公室发布的消息，截至 2022 年 11 月，北斗卫星在民用导航的日均使用量已超过 2100 亿次。数据显示，导航平均每次定位调用的卫星数量中，北斗卫星最多，已超越 GPS，全面主导国内导航应用定位。

北斗卫星导航系统（简称北斗系统）是我国着眼于国家安全和经济社会发展需要，自主建设运行的卫星导航系统，是为全球用户提供全天候、全天时、高精度的定位、导航和授时服务的国家重要时空基础设施。北斗系统自 1994 年启动建设。2000 年建成北斗一号系统，采用有源定位体制服务中国。2012 年建成北斗二号系统，面向亚太地区提供无源定位服务。2020 年，北斗三号系统正式建成开通，面向全球提供卫星导航服务，标志着北斗系统“三步走”发展战略圆满完成，我国成为世界上第三个独立拥有全球卫星导航系统的国家。

北斗系统是传说中的“五千万”工程：调动了千军万马，

①《北斗三号全球卫星导航系统正式开通》，《人民日报》2020 年 8 月 1 日，第 1 版。

经历了千难万险，付出了千辛万苦，要走进千家万户，将造福千秋万代。北斗系统由卫星、火箭、发射场、测控、运控、星间链路、应用验证等七大系统组成，是跨部门、跨学科、跨行业、跨地域的复杂系统工程。北斗系统的建成，是中国特色社会主义集中力量办大事制度优势的具体体现，是全体北斗人团结协作、无私奉献的具体体现。北斗工程启动以来，在全国范围内先后调集了 30 余万名科技人员参与研制建设，超过 50 万人从事系统应用推广，陈芳允、孙家栋两位“两弹一星”元勋和几十名两院院士领衔出征。

2019 年 9 月，航天科技“北斗”团队荣获“最美奋斗者”称号。“北斗”团队是我国自主研发北斗导航卫星系统的中坚力量，长期深耕天疆，团队突破自主导航、星间链路等一大批核心关键技术，实现关键部件 100% 国产化，服务国计民生，撑起民族脊梁，用汗水浇灌成了“自主创新、开放融合、万众一心、追求卓越”的新时代北斗精神。

陈芳允，中国卫星测量、控制技术的奠基人之一，“863”计划的提出者之一。他是“双星定位系统”的主要提出者，为北斗一号系统的建设奠定了基础。他一生追求科学，艰苦奋斗，始终拼搏在我国的科技战线上。

“中国卫星之父”“北斗之父”孙家栋，从事航天工作60年来，主持研制了45颗卫星。他是我国人造卫星技术和深空探测技术的开拓者之一，担任月球探测一期工程的总设计师，为我国突破卫星基本技术、卫星返回技术、地球静止轨道卫星发射和定点技术、导航卫星组网技术和深空探测基本技术作出了卓越贡献，树立了我国航天史上新的里程碑。他担任我国北斗导航系统第一代和第二代工程总设计师，实现了北斗卫星导航系统的组网和应用。

浩瀚星空，需要全人类合作探索。勤劳智慧的中国人始终以开放融合的宽广胸襟，同世界各国共享北斗系统建设发展的成果，努力把“中国的北斗”建成“世界的北斗”，一起携手书写人类时空文明新篇章，共同建设更加美好的世界。

海内存知己，天涯若比邻——
丝路精神

中国画《海上丝路新篇章》（300cm × 600cm；创作者：郑百重；2017 年）

“一带一路”坚持共商共建共享的原则，坚持和平合作、开放包容、互学互鉴、互利共赢的丝路精神，积极推动政策沟通、设施联通、贸易畅通、资金融通、民心相通，是构建全球伙伴关系的团结之路，是加强互联互通合作的共赢之路，是促进全球可持续发展的希望之路。在色彩鲜艳的青绿画面中，海上丝绸之路沿线国家的标志性建筑，被巧妙有序地汇集在一起。我国的万里长城沿着绵延起伏的山峦蜿蜒盘旋，泉州的东西塔遥相呼应，上海的东方

明珠非常醒目。马来西亚的皇宫，印度尼西亚的国会大厦，新加坡的鱼尾狮像，柬埔寨的吴哥窟，印度的海神庙，土耳其的苏莱曼清真寺，希腊的帕特农神庙，意大利的水城威尼斯，埃及的亚历山大灯塔、金字塔和狮身人面像，每一处都具有厚重的历史韵味和鲜明的地域特色。浪花翻滚的海面上，一艘艘大船来来往往，川流不息，显示着海上丝绸之路的繁忙景象。

2017 年 5 月 14 日，习近平在“一带一路”国际合作高峰论坛开幕式上的演讲提出，古丝绸之路绵亘万里，延续千年，积淀了以和平合作、开放包容、互学互鉴、互利共赢为核心的丝路精神。这是人类文明的宝贵遗产。[1]

截至 2022 年 12 月 2 日，中老铁路开通一年来，累计发送旅客 850 万人次，发送货物 1120 万吨，其中跨境货物超过 190 万吨。中老铁路北起中国云南昆明，南至老挝首都万象，是第一条采用中国标准、中老合作建设运营，并与中国铁路网直接连通的境外铁路，全长 1035 公里。中老铁路在中国和东盟之间构建起一条便捷的国际物流大通道，已成为区域互联互通、共同发展的样本典范，成为中国同沿线国家高质量共建“一带一路”的生动写照。

除了中老铁路，还有印度尼西亚和东南亚第一条高铁雅万高铁，越南首条城市轻轨项目河内吉灵——河东线轻轨，柬埔寨首条高速公路金港高速公路，世界主跨最大桥梁土耳其 1915 恰纳卡莱大桥，东非最高建筑埃塞俄比亚商业银行新总部大楼，埃及新行政首都中央商务区项目，卡塔尔世界

①习近平：《习近平谈治国理政》（第二卷），北京：外文出版社，2017 年，第 506—507 页。

杯主体育场卢赛尔体育场，孟加拉国第一座现代化大型污水处理厂、南亚地区最大单体污水处理厂达舍尔甘地污水处理厂，尼日利亚首个现代化深水港莱基深水港，中巴经济走廊首个水电投资项目巴基斯坦卡洛特水电站，白俄罗斯第一家氨基酸生产企业和粮食深加工行业第一个出口创汇、进口替代项目白俄罗斯国家生物技术公司全循环高科技农工综合体项目……越来越多的“中国建造”，促进了全球的互联互通，推动着各国人民美好生活的实现。

2000 多年前，我们的先辈英勇穿越茫茫大漠，顽强搏击狂风巨浪，开辟了绵延万里、联通亚欧非的陆上和海上古丝绸之路。古丝绸之路是古代中国和西方的经贸互通之路、和平交往之路、文化交流之路，凝聚了那个时代的人们对美好生活的追求，促进了沿路各国的互联互通，推动了东西方文明的交流互鉴，为人类文明发展进步作出了重大贡献。

2013 年秋，习近平在哈萨克斯坦和印度尼西亚发表重要演讲提出，共同建设“丝绸之路经济带”和 21 世纪“海上丝绸之路”，即“一带一路”倡议。[②]

②习近平:《习近平谈治国理政》，北京：外文出版社，2014 年，第 289、293 页。

“一带一路”坚持共商共建共享的原则，坚持和平合作、开放包容、互学互鉴、互利共赢的丝路精神，积极推动政策沟通、设施联通、贸易畅通、资金融通、民心相通。2016 年 11 月，联合国大会首次在决议中写入我国的“一带一路”倡议，决议得到 193 个会员国的一致赞同。“一带一路”是构建全球伙伴关系的团结之路，是加强互联互通合作的共赢之路，是促进全球可持续发展的希望之路，已经成为当今世界范围最广、规模最大的国际合作平台。

截至 2022 年 12 月，我国已经同 151 个国家和 32 个国际组织签署了 200 余份共建“一带一路”合作文件。2022 年，作为推进“一带一路”建设重要抓手和重要成效的中欧班列，开行 1.6 万列、发送货物 160 万标箱。截至 2022 年 6 月底，中国与“一带一路”沿线国家货物贸易额累计 12 万亿美元，对沿线国家非金融类直接投资超过 1400 亿美元。

2015 年 12 月，亚洲基础设施投资银行（简称亚投行）正式成立，这是全球首个由中国倡议设立的多边金融机构，重点支持基础设施建设，促进亚洲区域的建设互联互通和经济一体化进程。截至 2022 年 7 月，亚投行从 57 个创始成员发展到分布六大洲的 105 个成员，累计批准项目 181 个，融资额达 357 亿美元，惠及 33 个亚洲域内与域外成员，对推动这些成员的交通、能源、城市发展、水资源等领域基础设施建设以及公共卫生与教育领域的社会基础设施发展发挥了积极作用。

2022 年 11 月，第五届进博会在上海如期举办，代表性首发新产品、新技术、新服务 438 项，按一年计意向成交金额 735.2 亿美元，共有 145 个国家、地区和国际组织参展，69 个国家和国际组织参加线上国家展，284 家世界 500 强和行业龙头企业参展。自 2018 年首届至今，进博会已经成功举办五届。进博会是中国国际进口博览会的简称，是中国主动向世界开放市场的重要举措，已经成为新发展格局的示范窗口、高水平开放的推进平台、高质量发展的有效载体、多边主义的重大舞台，赢得了海内外广泛赞誉。

后记
postscript

马克思主义哲学认为，实践决定认识，认识在实践中产生并随着实践的发展而发展。随着中国特色社会主义现代化建设的持续推进，中国共产党人精神谱系必将随之不断发展和丰富。

2022 年，北京冬奥会、冬残奥会如期安全顺利举办，北京成为全球首个既举办过夏季奥运会又举办过冬季奥运会的“双奥之城”。2022 年 4 月 8 日，习近平出席北京冬奥会、冬残奥会总结表彰大会并发表重要讲话指出，北京冬奥会、冬残奥会广大参与者珍惜伟大时代赋予的机遇，在冬奥申办、筹办、举办的过程中，共同创造了胸怀大局、自信开放、迎难而上、追求卓越、共创未来的北京冬奥精神。[1]北京冬奥精神，不仅为北京冬奥会和冬残奥会的成功举办提供了重要的保障，而且为中华民族的伟大复兴凝聚起强大的力量。

①《在北京冬奥会、冬残奥会总结表彰大会上的讲话》，《人民日报》2022 年 4 月 9 日，第 2 版。

2022 年 7 月 13 日下午，习近平在新疆生产建设兵团八师石河子市新疆兵团军垦博物馆，会见兵团老中青三代建设者代表时强调：新疆生产建设兵团为推动新疆发展、增进民族团结、维护社会稳定、巩固国家边防作出了不可磨灭的贡献。兵团人铸就的热爱祖国、无私奉献、艰苦创业、开拓进取的兵团精神，是中国共产党人精神谱系的重要组成部分，要用好这些宝贵财富。②

“潮平两岸阔，风正一帆悬。”在新的历史征程中，全体中国共产党人、全国各族人民群众，砥砺前行，团结奋斗，脚踏实地弘扬和发展以伟大建党精神为源头的中国共产党人精神谱系，使之发挥出更加强劲的力量，使之绽放出更加璀璨的光芒，持续推动社会主义现代化强国建设，努力实现中华民族伟大复兴的中国梦。

②《完整准确贯彻新时代党的治疆方略 建设团结和谐繁荣富裕文明进步安居乐业生态良好的美好新疆》，《人民日报》2022 年 7 月 16 日，第 3 版。

参考文献

[1] 毛泽东 . 毛泽东选集：第二卷 [M]. 北京：人民出版社，1991.

[2] 毛泽东 . 毛泽东选集：第三卷 [M]. 北京：人民出版社，1991.

[3] 毛泽东 . 毛泽东选集：第四卷 [M]. 北京：人民出版社，1991.

[4] 胡锦涛 . 胡锦涛文选：第二卷 [M]. 北京：人民出版社，2016.

[5] 胡锦涛 . 胡锦涛文选：第三卷 [M]. 北京：人民出版社，2016.

[6] 习近平 . 习近平谈治国理政 [M]. 北京：外文出版社，2014.

[7] 习近平 . 习近平谈治国理政：第二卷 [M]. 北京：外文出版社，2017.

[8] 习近平 . 习近平谈治国理政：第三卷 [M]. 北京：外文

出版社，2020.
[9] 习近平 . 习近平谈治国理政：第四卷 [M]. 北京：外文出版社，2022.
[10] 习近平 . 论党的宣传思想工作 [M]. 北京：中央文献出版社，2020.
[11] 习近平 . 论中国共产党历史 [M]. 北京：中央文献出版社，2021.
[12] 本书编写组 . 中国共产党简史 [M]. 北京：人民出版社、中共党史出版社，2021.
[13] 本书编写组 . 中华人民共和国简史 [M]. 北京：人民出版社、当代中国出版社，2021.
[14] 本书编写组 . 改革开放简史 [M]. 北京：人民出版社、中国社会科学出版社，2021.
[15] 本书编写组 . 社会主义发展简史 [M]. 北京：学习出版社、人民出版社，2021.

[16] 中共中央宣传部 . 中国共产党宣传工作简史 [M]. 北京：人民出版社，2022.

[17] 中共中央文献研究室 . 毛泽东诗词集 [M]. 北京：中央文献出版社，1996.

[18] 中共中央党史和文献研究院 . 十九大以来重要文献选编：中 [M]. 北京：中央文献出版社，2021.

[19] 本书编写组 . 党的二十大报告辅导读本 [M]. 北京：人民出版社，2022.

[20]丁红旗 .画说新时代 [M].杭州：中国美术学院出版社，2021.

国家出版基金资助项目
浙江文化艺术发展基金资助项目
浙江省哲学社会科学重点研究基地——中国美术学院
艺术哲学与文化创新研究院重点资助项目
书名集字：毛泽东书法

策　　划：祝平凡
　　　　　周翔飞
　　　　　林　群
责任编辑：周翔飞
执行编辑：崔　艳
装帧设计：王　晟
责任校对：杨轩飞
责任印制：张荣胜

图书在版编目（CIP）数据

画说精神谱系 / 金一斌，高世名主编；丁红旗，何红舟，吴宪生编著、绘. -- 杭州：中国美术学院出版社，2025.01.(2025.9 重印)--ISBN 978-7-5503-3352-9
Ⅰ.D26-49
中国国家版本馆 CIP 数据核字第 2024WW5323 号

画说精神谱系
金一斌　高世名　主编
丁红旗　编著
何红舟　吴宪生等　绘

出 品 人：祝平凡
出版发行：中国美术学院出版社
地　　址：中国 · 杭州市南山路 218 号 / 邮政编码：310002
经　　销：全国新华书店
印　　刷：杭州捷派印务有限公司
版　　次：2025 年 1 月第 1 版
印　　次：2025 年 9 月第 2 次印刷
印　　张：21.75
开　　本：787mm × 1092mm　1/16
字　　数：300 千
书　　号：ISBN 978-7-5503-3352-9
定　　价：98.00 元

中国美术学院出版社
CHINA ACADEMY OF ART PRESS